AF579765

El lado derecho del corazón

El lado derecho del corazón

http://www.carlosarriagada.cl

ISBN: 978-956-401-131-8.

Inscripción DDI Nº A-307524

Primera edición en papel

Noviembre de 2020

Pinto, XVI Región de Ñuble, Chile

Portada:

Pablo Daniel Rodríguez Sánchez

Ortografía y Gramática:

María Teresa Acuña Abarzúa

Raquel Ramos Nevado

Carlos Arriagada Palma

El lado derecho del corazón

Un viaje entre luces y sombras

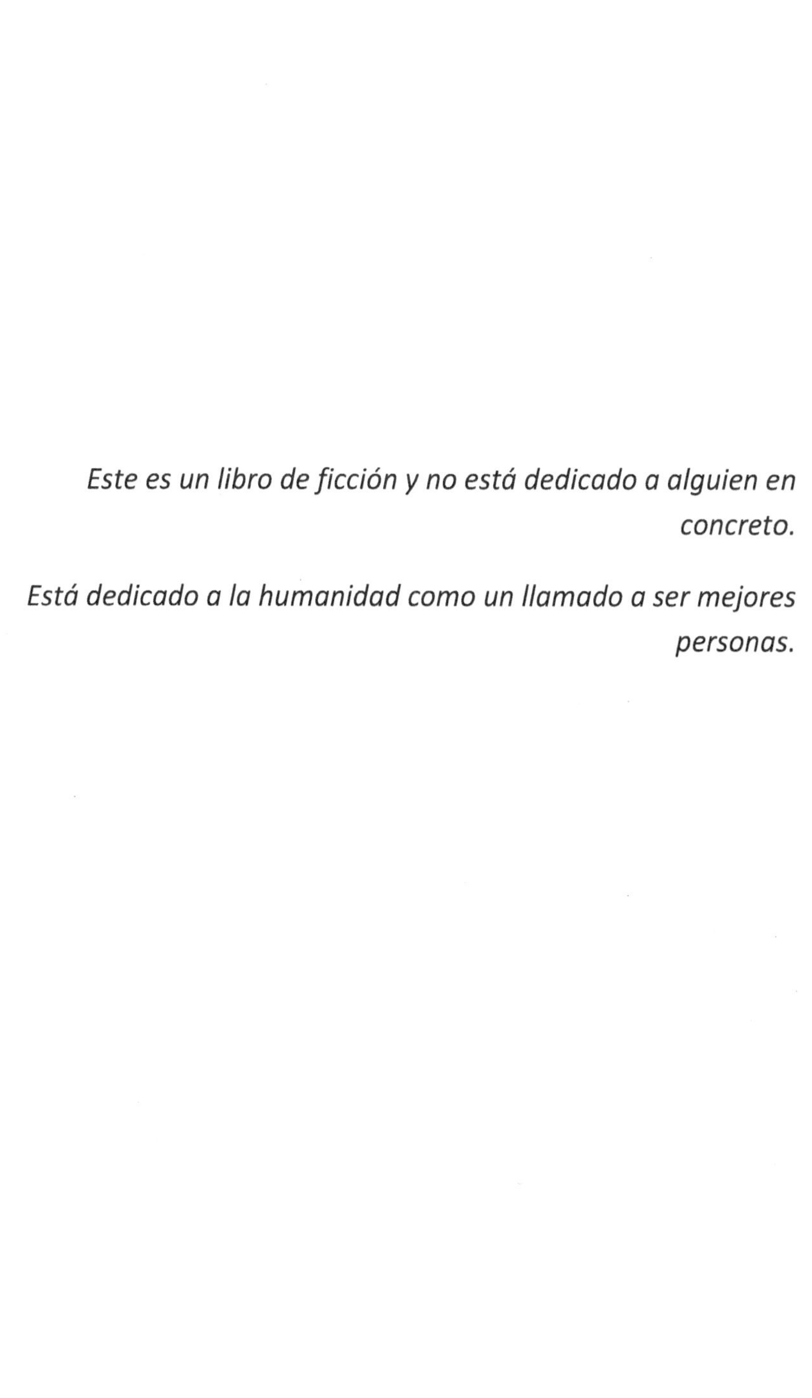

Este es un libro de ficción y no está dedicado a alguien en concreto.

Está dedicado a la humanidad como un llamado a ser mejores personas.

Quería tan solo intentar vivir lo que tendía a brotar espontáneamente de mí.

¿Por qué habría de serme tan difícil?

Demian, de Hermann Hesse

ÍNDICE

PRÓLOGO

Esta historia no es una tragicomedia que habla de la diferencia entre la comodidad social y la felicidad real. Es una historia humana que versa de alguna forma de cómo tuve que adaptarme a los tiempos, a mis decisiones y a mis necesidades. Muestro cómo, detrás de este rostro y de este corazón, que deja ver solo algunas cosas, hay verdades que pueden engañar, hay sueños, esperanzas, padecimientos, ternuras que se quedan presas en el fondo de nuestro ser buscando la luz como las plantas que logran salir a la superficie. Cómo, donde encuentras lo más bello, lo más estético, lo más precioso, debajo encontrarás espinas y procesos que lastiman.

En cualquier caso, este manuscrito cuenta parte de mi historia, pero que, en la magia de la palabra, se transformará en ficción. Seguramente romperá uno que otro molde en muchos de sus corazones, porque toco temas espinosos de mi realidad y sucesos duros que acabaron siendo, para bien o para mal, la solución y el alivio que tanto necesitaba. También posee un toque homoerótico, esa chispa inherente a mi vida que también es parte de la vida de todos y que da sabor como una vinagreta aliña la ensalada perfecta, de esta ensalada de la que no cualquiera habla.

Seguramente, hay alguien más en algún otro lugar que ha experimentado lo mismo. Alguien con una historia de vida similar y que transcurrió de forma paralela a la mía, en un pasado reciente o lejano. Alguien que también tuvo un primer amor como el mío. Alguien que puede emocionarse con algunos pasajes de este texto. Alguien a quien hacer recordar algo de su pasado con mi historia. Con solo un lector que logre percibir lo que transmito en estos recuerdos escritos, me doy por satisfecho y este manuscrito habrá servido para algo.

Cuando nació la idea de escribirlo, no sabía muy bien el porqué, para qué y cómo lo haría. Creo que el motivo no es para cambiar, mejorar mi vida o para aumentar el reconocimiento y el respeto de las personas de mi entorno. No tengo la necesidad de trascender de ninguna forma ante los ojos de los demás, sino ante mí mismo, y tal vez sea el único motivo para contar mi historia.

El para qué no solo se sustenta en la necesidad de dar a conocer las experiencias de una persona más, así como tantas otras que forman parte de este planeta, que nos une y nos separa. Quise contar vivencias y hechos muchas veces dolorosos y que, de alguna forma, desnudan mi mundo interior, pero el propósito fundamental es generar conciencia, algo que se nos olvida y es tremendamente necesario para tener empatía con el prójimo y entender las realidades del otro.

El cómo se plasmó la idea sobre el papel fue más fácil, pues solo bastó con escribir diez minutos una primera vez para luego leer la hoja que había escrito anteriormente y continuar escribiendo con cierta regularidad durante algún tiempo.

Aquí presento el resultado de este relato sin una estructura o forma preconcebida, simplemente fueron ideas, temas, evocaciones, que fluían a medida que iba escribiendo. No es necesario un instructivo para leerlo. No se encontrarán con términos rebuscados. Todo está escrito como lo pensé, de forma simple y sencilla.

Soy consciente de que puedo obtener elogios por hacer esto, rechazo o repudio, pero también puede que sirva para algo mucho más grande, que es crear conciencia sobre esta verdad de ser distinto, algo que se nos olvida tener de vez en cuando. Deseo que la gente entienda que somos seres vivos comunes y silvestres, que amamos y sentimos como cualquier otro, aunque tenemos una orientación sexual diferente. Somos igual que tú, mi querido lector, que leerás estas líneas.

La invitación está hecha. Dependerá de ti si quieres continuar leyendo.

CAPÍTULO 1: Primer Amor

Todos y cada uno de nosotros experimentamos, tarde o temprano, este sentimiento tan propio de la humanidad, el que llega para darle sentido a nuestra existencia cuando menos lo esperamos. Si bien el amor como tal puede tener muchas facetas y formas, en estos apuntes no hablaré del amor de padre o de hermano, sino que hablaré de ese sentimiento, de esa emoción, de esa manifestación corporal que por primera vez sentimos como seres vivos por ese otro individuo, ese que llega para remecer nuestras vidas y que, de una u otra manera, nos marca para siempre.

Estos hechos se remontan a la época del colegio, concretamente durante la enseñanza media, allá por el año 1996, cuando mi edad era de tan solo quince años. Eran, definitivamente, otros tiempos. Aún lograba permanecer indeleble en esa burbuja autoimpuesta que me aislaba sistemáticamente del mundo exterior, donde no existían los problemas ni las penas, donde la vida era grata y feliz; con esto no quiero decir que al momento de escribir estas letras no lo sea, simplemente eran otros tiempos.

Hasta esos momentos, ninguna persona había despertado en mi alma la dulzura del amor, pero eso no duraría para siempre, muy pronto descubriría que esa primera pasión traería consigo sentimientos desconocidos, nuevas sensaciones, estados desconocidos de éxtasis, voluptuosidad y muchas otras cosas que se logran sentir en ese estado. También vendría acompañado de otras no tan gratas que, en algunos momentos, se tradujeron en desdicha, tormento, desolación, dolor y desengaño, por graficar algunas.

Como diría un buen surfista, un día puedes estar en la cúspide de la ola y al día siguiente tal vez quieras morir en ella, pero al parecer no fue tan grave, porque aún sigo aquí, mi querido lector.

El primer amor no es algo que encuentras bajo la almohada al despertar un día por la mañana, es más bien una seguidilla de sucesos que seguramente parten por una amistad y convergen en este sentimiento que te hace sentir más vivo que nunca. Lo único que sé es que entre la amistad y el amor hay tan solo un pequeño paso. Existe una delgada línea que los separa y, si no estás atento, no te darás cuenta en qué momento la cruzas y te encontrarás en ese estado en el que yo me encontré por más tiempo del que hubiese querido.

En este instante, no daría mi vida por revivir aquel momento o regresar y cambiar algo de aquel entonces para que fuese a mi favor. Creo que todas las cosas pasan por algo. Posiblemente, en ese minuto, no había una respuesta con sentido común que me hubiese ayudado a enfrentar el mar de interrogantes y dudas que se abalanzó sobre mi precaria adolescencia. Simplemente pasó, y la vida se encargaría más adelante de hacerme sentir lo mismo, solo que con otra persona, con otro cuerpo; aun así, fue muy parecido a ese primer amor.

Hay muy pocas personas que conocen esta historia. Entre esas personas se encuentran mi amiga María Angélica y José Manuel, quien incluso hoy es mi gran amigo, el único que conservo del colegio. Tenemos una linda y firme amistad, compartimos el signo zodiacal, formas de pensar, de ver las cosas y el día de cumpleaños, porque nacimos el mismo día, con tan solo unas horas de diferencia.

La relación con ese primer amor siempre fue de cordialidad, respeto y buen trato. Todo partió en el momento en que comenzamos a compartir el pupitre. No sé si fue por decisión propia o de alguien más, la verdad es que no lo recuerdo con exactitud, pero creo que aquel día comenzó a gestarse lentamente un nuevo sentimiento en mí, hasta que, sin querer, me encontré perdidamente enamorado de él.

Jamás lo acosé ni nada que se le parezca. Jamás sobrepasé esa delgada y sutil línea de la amistad. Jamás dejé entrever lo que en realidad me sucedía por respeto a él y al miedo de develar mi pequeño secreto.

En aquel entonces tenía claro cuál era mi verdadera orientación sexual; aún no tenía un nombre y un apellido, pero creo que la palabra que lo definiría, para ser justos con la realidad, sería innato. Lo único que faltaba era llamarla por su verdadero nombre: «homosexualidad». Yo desconocía ese término. Más tarde, gracias a internet, que por aquellos años recién comenzaba a popularizarse, pude aprender su significado. Gracias a un buscador llamado Yahoo!, conocería el término al leer el artículo de una prestigiosa revista del ámbito de la salud psiquiátrica, por lo que ya tenía *un nombre y un apellido* mi realidad sexual.

No era menor lo que sentía por mi amigo y compañero de pupitre. ¡En qué lío estaba metido!

Me aterra pensar que estas líneas puedan llegar hasta sus manos, no por vergüenza, sino más bien por su reacción, la de su familia o conocidos; puede ser blanco de burlas o de otras cosas. La gente es muy mala y prejuiciosa. También es imposible no sentirse desnudo al escribir esto, y no hablo de esa desnudez que sientes cuando alguien te observa sin tus vestimentas, esta es una desnudez especial, esa desnudez que eventualmente se puede sentir frente a Dios, esa desnudez del alma la cual queda expuesta al contar tus verdades y secretos más íntimos. En fin, ya estoy aquí intentando graficar con palabras lo que ha sido mi hermosa y bendita vida, cargada de encantadoras y buenas experiencias, como también de algunas funestas y desagradables, un abanico muy amplio el que me ha tocado.

Recuerdo muchos pasajes de aquella época con una gran exactitud. Si cierro mis ojos y respiro profundo y calmado, logro llegar a ese estado en el que los recuerdos comienzan a aflorar como por arte de magia, y uno te lleva al otro, porque absolutamente todo está conectado; somos nuestro pasado, presente y futuro conjugados en una sola forma.

En esa multitud de recuerdos aparecen fragmentos en los que estuve perdido sin saber muy bien qué hacer, en donde no había respuestas y menos soluciones. Quizás la solución a todos mis males era despertar un día y ya no sentir nada por él, pero aquello solo tendría sustento en un cuento de hadas, pues en la vida real era diametralmente opuesto. Esa opción era imposible. ¡Ay, Dios!

El punto de partida está muy claro, pero ¿en qué minuto?, ¿qué hice?, ¿qué hizo él para que yo, un simple mortal, comenzara a verlo con otros ojos, a mirarle por las mañanas y a soñar con él? Lo más probable es que nada. Me aprendí hasta el número de su cédula de identidad en este caminar. Es de no creer, pero hasta el día de hoy lo recuerdo, lo puedo escribir y deletrear, incluso en sentido inverso, sin mayor esfuerzo. Me sabía su letra y en más de una ocasión la usé para responderle una que otra prueba. Una vez en que engañamos a la profesora de Música, sor Ceciliana, una religiosa alemana que hablaba una mezcla de español y alemán muy graciosa, que en más de una oportunidad sacaba una carcajada, de esas que había que disfrazar inteligentemente para que ella no se diera cuenta. En aquella oportunidad, toda mi fila tuvo buenas notas porque la profesora era tan descuidada que rotamos todas las pruebas hasta que la mía volvió a mis manos nuevamente. No recuerdo la nota, pero fue mucho mejor que la de los demás.

Le gustaba usar el lápiz marca Pilot V5 Hi-Tecpoint de 0,5 mm, el cual, curiosamente hoy, también es mi favorito. Sus colores preferidos eran el azul, el negro y un verde que le daba un toque especial a su caligrafía. Su letra era delgada con una leve inclinación hacia la derecha, como si en la parte superior estuviera corriendo un suave viento de tres nudos.

¡Qué tesoros tengo guardados en mi memoria viva! ¡Era tan feliz! Ojalá todo el mundo tuviera la oportunidad y las ganas de escribir algo en la vida, es un alivio y una paz indescriptible que se siente al hacerlo.

Hubo una época en que él usaba un perfume, el que guardaba sigilosamente en el interior de su chaqueta en el bolsillo derecho y se lo rociaba con frecuencia para disimular el olor a tabaco. Una vez me convidó, pero en mi cuerpo no tenía el mismo olor. Definitivamente, no. Ese perfume era algo mágico: yo podía cerrar los ojos sentado en mi banco y, aun así, sentir su presencia a mi costado derecho, y el único medio de contacto era aquella fragancia tan característica que me advertía de que estaba allí, a mi lado. Todos los compañeros, en algún momento, utilizaron esa esencia. Podía haber siete compañeros más con ese aroma y mi sentido del olfato era capaz de identificar de entre esos siete cuál era de él, como una oveja es capaz de identificar a su cordero entre la sinfonía emitida por las demás integrantes en medio de la multitud del rebaño. Si en este momento hiciera ese ejercicio, no sería capaz, pues dicha habilidad lo más probable es que se encuentre entorpecida o anulada con el pasar de los años, pero lo más seguro es que se deba a que, de aquellos sentimientos y manifestaciones sensitivas, ya no queda nada más que recuerdos.

Mi amor no llegó a ser una cosa enfermiza, pues siempre estuvo bajo control, siempre fui consciente de que lo máximo que podía aspirar era encontrarlo en sentido opuesto y sentir ese aire tan característico que dejaba a su paso, el que fácilmente podía hacerme viajar de ida y vuelta a la luna o ponerme las piernas temblorosas. Literalmente, me atontaba.

Partimos con el perfume, pero, a medida que fueron transcurriendo las semanas y los meses, se fueron agregando más ingredientes, y fue allí donde apareció el deseo, la pasión secreta que me hizo un verdadero experto en desvestirlo utilizando solo el poder de la mente y la imaginación.

Una vez, que estaba sentado en mi silla hacia la derecha con mi brazo sobre el respaldo, conversando con los compañeros de la mesa de atrás, mi codo sobresalía lo suficiente como para rozar su pierna y su pantalón de color plomo, un poco más claro que el de los demás. Aquella oportunidad, por accidente, pude sentir por única vez su masculinidad en todo su esplendor y pude soñar por una fracción de segundos con aquello. Fueron tantas las cosas que pasaron por mi mente en ese pequeño instante en que él regresaba a su mesa, que estaba al fondo, justo detrás del armario de la sala, entre el pasillo y la pared. Si hubiera sido algo planeado, seguramente no habría resultado tan perfecto como aquella vez; ni la actuación del actor más famoso del mundo resultaría tan magistral como aquel momento. Eso no fue todo. Él se dio cuenta de que, sin querer, había sucedido ese detalle y puedo jurar que, con los nervios que sentí en aquel momento, no logro recordar más; sin importar cuánto escarbe en este mar de recuerdos que almacena mi mente, no puedo traer a mi memoria qué fue lo que dijo, pero estoy seguro de que fue alguna frase dulce o trivial de amigo, de ese amigo que a esas alturas ya no era visto como tal.

Yo odiaba la clase de Educación Física, pero, por algunas cosas, pasé a desear fervientemente que llegara ese día. Ya sabrán por qué. No solía ser el mejor en deporte, en primer lugar, porque era una de las actividades menos atractivas para mí. Si alguien me ofrece pintar un cuadro o trabajar haciendo manualidades, esa será mi primera opción sin duda alguna, pero existió una época en la que adoraba asistir a la clase de Educación Física solo por el hecho de verlo en otra faceta, con otras vestimentas, siendo el momento más esperado el instante en que todos nos duchábamos. Solo tenía ojos para él. Gracias a Dios, nunca me delató mi naturaleza corporal, por aquello que con tanto sigilo y resguardo mis ojos miraban. En realidad, sucedió, pero pasó a segundo plano gracias a la intervención oportuna de José Manuel, que, en aquella oportunidad, hizo alarde de su ímpetu juvenil y todo terminó en risas y burlas de chiquillos ansiosos de conocerse y descubrirse en el juego del erotismo juvenil. Fui salvado, literalmente, por la erección de mi mejor amigo, aunque no me hubiese gustado estar en su lugar. Todo quedó dentro de esas travesuras adolescentes que se enredan entre el descubrimiento de nuestro cuerpo y la vitalidad de la juventud.

Los momentos que más valoraba en aquellas clases eran en los que había contacto físico con él, ya fuese a través de un objeto como la pelota, una cuerda o las veces en que debíamos realizar una cantidad determinada de abdominales, actividad que, por lo general, se realizaba en parejas; me ofrecía gustosamente para sujetar sus pies. En esas oportunidades, debíamos contar la cantidad de ciclos realizados. Yo no podía evitar la ocasión para imaginar qué había más allá de su ropa o de sentir la brisa con su olor a cuerpo sudado. ¡Qué tiempos aquellos! Dios mío, parece que estoy ahí en este instante. Fue un deleite ver cómo se fue transformando de niño a adolescente. Su voz cambió entre el primer y segundo año medio, se tornó más grave y ronca, eso le concedía una dosis extra de virilidad, haciéndolo más atractivo frente a mis ojos. Hay que reconocer que tenía un bello cuerpo. Ya no lo tiene, pero, en aquel momento, me llenaba el ojo, como diría mi padre, cuando va a la feria de Bulnes y elige el mejor ternero.

Cada tarde, al regresar a casa, muchas veces me encontraba solo en mi habitación y recordaba los pasajes vividos durante el día, y mi amigo terminaba siendo el centro de toda atención. Su cuerpo, junto a la imaginación, era la excusa perfecta para desfogar la llama interna y exacerbar al máximo todos los sentidos con tal de entregarme a esas nuevas sensaciones, usando solo el poder de la mente. Nunca puse mi mano sobre mis genitales para obtener algún tipo de estimulación extra. Todo, pero absolutamente todo, se llevaba a cabo con el poder de la mente, una especie de conexión con todos mis sentidos y el goce de sentirme pleno, vivo.

Ese simple hecho me enseñó la primera lección en cuanto a las artes sexuales y amatorias. No todo está en tocar, sentir lo corpóreo, hay que jugar con la imaginación, los aromas y los sonidos. Una lección valiosa que me sería útil más adelante en mi vida.

No todos usan el recurso más valioso que tenemos a la mano, nuestra mente, representada por el órgano del cual menos se sabe, nuestro cerebro y nuestros sentidos. Después de todo, también se puede llegar al éxtasis e ir a Plutón varias veces y gritar: ¡Pamplona!, usando solo el poder de nuestra mente y los sentidos.

No soñaba despierto, pero esperaba el momento en que este amor que yo sentía fuese, de alguna forma, aunque muy remota, correspondido con algo similar.

Tardé bastante tiempo en entender que aquello no sucedería jamás, simplemente porque no tenía sustento alguno; solo podía aspirar a una amistad, a medias, de su parte. De qué forma me quiso, qué tipo de sentimiento logró tener hacia mí, es algo que desconozco y tampoco me quedé a su lado para descubrirlo.

Había una canción del italiano Paolo Meneguzzi, llamada *Golpes Bajos*, que sonaba con mucha frecuencia en las radios de la época. En mi hogar había ciertas comodidades como, por ejemplo, una radio casete que podía grabar directamente las emisiones en vivo de una radio cualquiera. Así es que compré una cinta en el carrito de la plaza. Me faltaba dinero, pero Hugo, un primo de mi padre que trabaja allí, me regaló el faltante. Llegué a mi casa feliz, sin hambre, deseoso de poder grabar aquella canción varias veces en la misma cinta, cosa que hice. Luego, la escribí unas diez veces en un cuaderno de caligrafía, de esos de primer año básico, para aprendérmela de memoria, no sin antes rayar cada espacio en blanco disponible con notillas adicionales que me ayudaban con las entradas, los tiempos y la intensidad con la que debía cantar.

¿Cuánto tiempo estuve cantando esa canción? No lo sabría decir con certeza absoluta, pero fue bastante. Me encerraba en la camioneta roja de mi padre, le reclinaba el asiento y pasaba horas en el interior escuchando y repasando esa balada. Incluso, en una ocasión, le descargué totalmente la batería al vehículo, hasta el punto en que a la hora de encender el motor este no hizo nada. ¿Qué tenía esa canción además de estar de moda? No lo sé, pero me recordaba a mi amado; lo sacaba del lugar donde estuviese y lo teletransportaba a mi lado por arte de magia.

Es complicado y difícil de explicar con palabras y que las mismas se ajusten con total fidelidad a lo que de verdad sentía en ese momento. Todo se grafica en un fragmento de la canción que dice: «Así crecíamos, con viento a favor soñando aquel amor, que un día llegó como una marea, que inunda feliz...». Aunque el único que creció al conocer por primera vez este sentimiento había sido yo. Por otro lado, soñar era gratis y ¡vaya que soñé despierto con aquel amor que llegó como una marea a inundar mi ser y que también al final me hizo sufrir de formas diferentes! Hubo momentos de júbilo, otros de pena, donde el llanto fue mi mejor acompañante.

Años más tarde, para el terremoto del 2010, que en mi hogar causó estragos y dejó mucho desorden, como en todas partes, un armario, el cual no estaba empotrado a la pared, sufrió una caída. En ese caos apareció el cuaderno de caligrafía de aquel entonces, junto con la única carta que recuerdo haberle escrito a mi primer amor, en donde le confesaba mis sentimientos por él, ni más ni menos. Agradezco a Dios porque no cometí la estupidez de entregársela. Habría hecho el ridículo más grande de mi vida, además de dejar en evidencia en aquel momento mi homosexualidad. Habría sido el apocalipsis para mi joven existencia, porque definitivamente yo no estaba preparado para dar a conocer una cosa así y menos contarlo al mundo de ese entonces. Quién sabe, tal vez no habría sido tan grave, porque, ante todo lo malo y los prejuicios, lo que se termina imponiendo son los afectos. Así ha sido durante todos estos años. Las personas son queribles y respetables por cómo son, por lo que hacen, por si actúan con humanidad, y no por su color de ojos o sus preferencias sexuales.

No recuerdo haber llorado tanto por un hombre como por él hasta ese instante. Posiblemente, cuando muera mi adorado padre será otro de los momentos en los que lloraré a mares, pero serán otras las circunstancias, otros los motivos. En un comienzo, este llanto era de júbilo, de alegría por aquel sentimiento y aquellos hechos que habían provocado grandes cosas en mi ser y que, definitivamente, me hacían llegar a un grado de plenitud máxima. Después, todo fue cambiando, porque, tarde o temprano, me di cuenta de que, para que un amor sea sano y completo, debe ser correspondido, y eso, en mi caso, no sucedió.

Hoy pienso que, si ese amor no hubiera sido prohibido, definitivamente se habría concretado y materializado más allá de mi ser. No obstante, la vida me premiaría nuevamente al permitirme esta vez vivir de nuevo aquel sentimiento de forma plena y espontánea, siendo correspondido de igual manera, cuando años después amé a Esteban.

Durante aquellos años fui inmensamente feliz, a pesar de todo. La vida me ha premiado siempre regalándome todo tipo de matices. No terminó bien, porque también me hizo sufrir, pero, en definitiva, amar y sufrir es, a la larga, la única forma de vivir en plenitud y dignidad (frase de Gregorio Marañón).

Para finalizar, hablaré del momento en que todo acabó. Ese instante en que mi vida cambió bruscamente. Aquel fragmento de tiempo en que, por un instante, mi alma fue quebrada de todas las formas posibles.

Por aquellos días, acostumbrábamos ir a jugar al taca-taca en un lugar ubicado en la población, cerca de la vuelta del molino, a varias cuadras de distancia del liceo. Junto a los chicos lo pasábamos muy bien, tengo buenos recuerdos de todos. Podía ser sobresaliente jugando a la pelota en aquellas ocasiones y hasta recibía elogios, lo que en la vida real era imposible, pues José Manuel me relegaba siempre al arco debido a mis escasas dotes de futbolista. Lo mejor ocurría cuando mi amado jugaba junto a mí, enfrente de mí o estaba cerca.

La última ocasión que asistí a esos juegos de camaradería fue el día en que ese ser tan querido me causó la pena más grande al decir unas simples palabras cuando se escapó la pelota y chocó en mi pecho, dándole a una de mis tetillas; me dolió mucho, pues las pelotas de taca-taca son duras y rígidas. No tardé en darme cuenta de que aquel dolor físico no era nada comparado con el dolor que provocarían las palabras que salieron de su boca. Concretamente, dijo algo así: «Chocó en tus senos grandes», con sarcasmo. Si alguien me dice una frase así hoy, no me provoca absolutamente nada; de hecho, mis mejores amigos lo hacen y nos divertimos con ello. Pero él, ¿qué necesidad tuvo de burlarse de mi físico? No debió ser un problema. En esa circunstancia me di cuenta del dicho «caras vemos, pero corazones no sabemos». Un verdadero amigo no hace eso, herir a otra persona con «inocentes» comentarios. Un verdadero amigo hace lo que yo hice, me callé y encerré en una camisa de fuerza todos y cada uno de mis sentimientos para no herirlo de ninguna forma o responder de mala manera.

Desde ese momento, todo cambió, jamás volvió a ser lo mismo. Ese día me habían arrancado de cuajo todo lo que mi alma atesoraba con tanto celo y que son el tesoro más grande, lo mejor que cada uno de nosotros tiene: nuestros sentimientos.

Ese día me di cuenta de que el amor que sentía hacia mi compañero debía volcarlo hacia mí, porque definitivamente me hacía mucha falta. Lo que quedaba de esa tarde transcurrió sin mayores sobresaltos, aunque en mi interior yo seguía teniendo una sensación tan amarga, una lucha de emociones que en este minuto no soy capaz de moldear con palabra alguna.

Esa noche puse la canción de la que les hablé anteriormente para suavizar mi dolor, pero ya nada era igual. Esta vez el mensaje tenía otro significado y se ajustaba perfectamente a lo que me sucedía; la única vez que la oí en una ocasión y fue la última.

Al día siguiente me encontré con él al regresar nuevamente al liceo. Allí, todos cuantos estaban cerca de mí pudieron observar cómo Carlos, ese chico introvertido, ágil, gentil y buen compañero, se desmoronaba ante sus miradas atónitas. Se agolparon en mi alma una gran cantidad de angustias, turbaciones y dolores que, a esas alturas, buscaban cada poro por donde poder salir a la superficie, como un globo que se infla lentamente hasta que llega el punto en que estalla; la verdad no sé cómo me contuve durante esa mañana.

La señorita Susana me llevó a inspectoría. Me recibió el señor Cid, quien, entre la congoja y las ganas de llorar que sentía al verme desplomado y hecho un mar de lágrimas, me preguntó qué me pasaba con una gran dulzura. Quizás no fue así, solo lo percibí así, en esos instantes solo necesitaba contención. Esa contención llegó con el abrazo de mi gorda bella. No recuerdo si me dijo algo o no, pero definitivamente ese abrazo llegó a calmar todas mis dolencias de aquel minuto. Terminé contando lo que sucedió el día anterior, lo que era una minúscula parte de la historia, la otra parte la escribo hoy en estas líneas.

Esa fue la primera vez que sentí la seguridad absoluta de abandonar la burbuja autoimpuesta de la que les hablé al comenzar este relato y exteriorizar mi secreto, pero no lo hice.

Ese día, el colegio tenía la tradicional misa para el alumnado. Creo que, en las lecturas, la profesora habló algo en relación con lo que me había sucedido, pero, la verdad, es que jamás lo supe porque yo no fui a esa celebración debido a que me dejaron en inspectoría. Desde aquel episodio en adelante, ese primer amor no tuvo nunca más el lugar tan especial que tenía en mi corazón. Fácilmente habría dado mi vida por la de él, pero ya no. No lo odié, no le tomé rencor, simplemente comenzó a ser indiferente. Se podía morir enfrente de mis ojos y ya no cambiaría mi vida por la suya.

Después de haber invocado la historia de mi primer amor, estimados lectores, puedo decir que es un amor único. No importa lo tortuoso que haya sido por algunos momentos, siempre será parte del baúl de los recuerdos. Es algo que no se olvidará jamás y nos acompañará por el resto de la vida.

CAPÍTULO 2: Pájaro Duro

Esta historia se remonta al año 2011. Lo sé con exactitud gracias a que Facebook me lo recordó.

Un día, durante la tarde, me encontraba haciendo hora, estacionado en el interior de la camioneta; no recuerdo en qué calles de mi amado Chillán. Eran las dieciséis horas aproximadamente, estaba con el motor funcionando y el aire acondicionado encendido porque ya hacía un poco de calor, cuando Pájaro Duro me habló por primera vez. Apareció un simple «Hola. ¿Cómo estás?». No respondí de inmediato, porque todos sabemos que lo bueno se hace esperar. Luego de ese saludo comenzó una plática en donde nos contamos cosas triviales el uno al otro, como nuestros nombres y de dónde éramos. Usé mi segundo nombre para proteger algo de mi identidad, cosa que en aquellos tiempos aún resultaba, porque hoy, con la cantidad de servicios que usamos, la cantidad de datos y metadatos que compartimos en las diferentes plataformas sociales, es imposible. Él se presentó como Pájaro Duro. Más tarde descubriría el porqué de ese seudónimo.

Ese día esperaba el bus que me llevaría a la caminata de Teresa de los Andes, y era la primera vez que asistiría con el grupo de jóvenes de la Parroquia el Sagrario de Chillán a dicho encuentro con Cristo y con los jóvenes.

Fue grato conversar toda la tarde con este nuevo chico. Era de muy cerca, según los datos que mostraba la *app*. Me dijo que era de camino a Pinto. Pensé: «Debe de ser parecido a mí, rural, sencillo, común y silvestre». No me equivoqué. Era seis años menor que yo y todavía me causa risa recordar el nombre con el que se había presentado. Después, llegaría el momento en que Pájaro Duro me haría sentir placeres y experiencias insospechadas.

La plática fue amena e intensa aquel día. Aproveché que todavía estaba en el interior de la camioneta y podía cargar el celular. Hablamos de muchas cosas durante esa tarde hasta que se agotó la batería y perdimos la comunicación. No perdí la cabeza ni me volví loco por él, pero sí reconozco que el diálogo fue diferente, se sintió honesto, verdadero y sin el ingrediente erótico con el que te suelen abordar en esas circunstancias y, de verdad, es algo que aún agradezco.

Pensé que aquella noche lograría pegar ojo y descansar durante el viaje, pero fue imposible debido a la energía y efervescencia de aquellos jóvenes, compañeros de peregrinación.

Sin embargo, fue una linda experiencia. Me reí, canté, reflexioné y jugué como un niño en ese encuentro.

Volvimos de la actividad cristiana y aquel joven de tez morena degradada, de piel suave, ojos marrones, de pelo castaño, que se hacía llamar Pájaro Duro, desapareció por más de una semana, hasta que por fin surgió nuevamente un mensaje suyo en mi buzón de entrada que decía, otra vez, ese simple y sencillo «Hola. ¿Cómo estás?». Así recomenzó otra agradable tarde de preguntas, respuestas y reflexiones, embargados por la sensación de que nunca habíamos dejado de hablar. Me enteré de que su nombre era Enrique y tenía un hijo. «Algo no me cuadra —pensé—. Este está casado y quiere experimentar cosas nuevas». Fue lo primero que se me vino a la mente, pero detrás de aquellos pensamientos había todo un libro que leer para luego sacar conclusiones.

Efectivamente, tenía un hijo pequeño, un precioso enano de pelo rojo, que fue producto del amor entre él y una mujer de la cual no daré detalles por respeto a su persona, ya que Enrique, en algún minuto, también la amó, pero que en este peregrinar llamado vida quedó atrás, debido al descubrimiento de su verdadera orientación sexual. Sí, su verdadera orientación sexual, porque ahora tiene pareja del mismo sexo, vive junto a esa persona y es inmensamente feliz.

Luego de hablar por un tiempo más que prudente por aquella red social, que en ese minuto no era Grindr —no sé si ya existía o yo aún no la había descubierto, lo más probable es que el servicio no estuviese disponible fuera de los Estados Unidos—, llegó la hora de compartir nuestros números de teléfono y nos cambiamos al mundialmente famoso WhatsApp, que ya en aquella fecha era furor.

Seguimos hablando no sé por cuánto tiempo hasta que nos conocimos en persona. No sé con certeza absoluta en cuáles de sus viajes fue porque, a causa de su trabajo en el sector de la minería, tenía turnos de diez por diez, o algo así, y entre esos días libres viajaba a visitar a su familia y a su hijo a Coihueco.

Esa primera cita fue en el tranque. Toda una tarde, incluida la noche, y la noble Nissan Terrano fue nuestra alfombra voladora. No suelo ser una persona tan exigente, en el sentido de que necesito pocas cosas para estar contento y cómodo, pero ese día, además de dialogar agradablemente, nos bañamos en traje de Adán, ya que ninguno portaba traje de baño, porque no era tiempo estival, pero ya hacía un poco de calor. Nada estaba planeado aquel día, simplemente sucedió.

Caminamos por la cortina grande de árboles hasta pasar por un estero. Sobre unos palos y un barandal rústico, llegamos a un lugar que, aunque tratase de regresar en este minuto, no sería capaz, debido a que mi capacidad de ubicación geoespacial tendría algún que otro conflicto. Sí recuerdo claramente que había un roble seco, el que seguramente sucumbió a los fuertes vientos del invierno anterior, que me sirvió de pasamanos para adentrarme en aquella fría masa de agua junto a aquel chico, despojados de todo aquello que no fuese nuestra piel.

Llegó el minuto de salir del agua y pude ver en gloria y majestad aquel cuerpo vigoroso, ya que hasta ese momento solo había mirado con detalle su cara y su sonrisa. Ahora era el turno de ver por entero su contextura. Emergió desde las aguas una figura hermosa bien cuidada, me pareció un dios del Olimpo al que observé sin reserva mientras él hizo lo propio.

Luego de aquel reconfortante baño, nos vestimos con nuestras ropas secas y nos sentamos un poco más retirados del borde de las aguas, sobre el pasto verde y en la compañía de una agradable sombra. El aire se había embriagado con un aroma distinto. Conversamos de esto y de aquello, detalles más íntimos de nuestras vidas. Me confidenció que tenía una relación con un hombre mucho mayor que él en la ciudad de Santiago, con el cual se encontraba pasando por altibajos en todos los sentidos y la relación estaba irremediablemente rota. Durante esa conversación y esa primera parte del encuentro, la verdad es que no había rastro ni connotación sexual alguna que me hiciera dilucidar lo que sucedería más tarde en el interior de la noble Terrano. Ay, Dios, ¡si esa camioneta hablara!

Durante esa tarde no hubo hambre ni sed, no recuerdo si comimos algo o no, pero fue allí donde todo comenzó. Llegada la noche, sin darnos cuenta, subimos a la camioneta y nos dirigimos hacia donde se ubicaba su hogar. Quedamos a cierta distancia del lugar, nos estacionamos en un potrero al sur, muy cerca de su casa, y ya era el momento de la despedida. Él estaba sentado en el asiento del copiloto, intentaba saber el valor de unos pasajes en bus para regresar al día siguiente a Santiago. Yo, en el asiento del conductor, cuando de pronto posa una de sus manos detrás de mi cuello y lo acaricia por unos minutos; debió ser su mano izquierda por la posición en la que nos encontrábamos. De pronto, me sorprendió, en esa oscuridad encubridora, con un beso muy húmedo y tierno, el cual correspondí con la emoción propia del momento. Sin decir nada, nos cambiamos al estrecho e incómodo asiento de atrás que tienen todas las Terrano, aunque creo que nos pudieron oír porque, en ese instante, con mi abultado chasis, pasé a llevar el volante y me pegué un buen bocinazo, el que luego de un segundo de alerta sacó las mejores carcajadas ante tal situación.

Recuperados por el trastorno del momento, volvimos a las muestras de afecto y dimos paso a nuestras emociones y apetitos. Nos desvestimos en aquella oscuridad, que en esos momentos ya era nuestra cómplice absoluta. Recorrimos todos nuestros cuerpos con caricias ávidas, que desean alcanzar la luz de ese encuentro tan animal y humano que rompe en algún instante nuestras soledades mediante el rito del amor entre dos personas. Aunque aquel momento solo fue sexo, puedo decir que le hice el amor en más de una oportunidad, como diría Laura Pausini, al menos de mi parte.

Enrique llegó en el momento exacto a mi vida, en el que yo más necesitaba de un cariño verdadero, porque requería contención, afecto y ternura, luego de un pololeo fallido con un cafiche de pacotilla, que gracias a Dios no alcancé a llevar más allá en mi vida.

Todo fue bienvenido en esta historia, en todas sus presentaciones. Quizás partió al revés, por atracción sexual, pero luego surgieron sentimientos, no sé si llamarle amor, pero lo podríamos tildar fácilmente de afecto, cariño; yo lo quería y es así hasta este momento. Sé que de su parte también hubo afecto; de hecho, hasta el día de hoy nos hablamos, no como antes, pero lo hacemos.

Fue, sin duda, una linda experiencia que llegó a complementar las ya vividas. Muchas de ellas jamás serán mencionadas en este manuscrito. Si bien es cierto, el nombre de esta publicación es *El lado derecho del corazón*, lo que hace referencia a esa parte oculta que todas las personas tenemos, de la cual, contadas las amistades, familiares y seres queridos logran saber y manejar. Detalles tan íntimos sobre nuestras vidas que sería poco inteligente plasmar todos y cada uno de ellos en un libro. Aquí solo refiero acontecimientos importantes, los que se pueden contar, los rescatables, los que dejan mejores enseñanzas o quizás momentos en que mejor lo pasé. Los otros siguen guardados en ese imperceptible espacio del corazón donde solo pueden entrar nuestros recuerdos.

Enrique y yo seguimos hablando durante mucho tiempo, viéndonos cada vez que él regresaba a su amado pueblito a visitar a su hijo. En esas conversaciones tan íntimas y fraternas por WhatsApp afloraban los problemas que él tenía con su pareja actual; nuestros razonamientos reflejaban muchas veces sus estados de ánimo y los míos. Con toda seguridad, creo que muchas veces fui el soporte que él necesitaba, así como él también fue para mí. Esas conversaciones se podían tornar en cualquier momento románticas al expresar piropos, mensajes afectuosos y cariñosos; corazoncitos iban y venían en formas de unos y ceros mediante ese cordón umbilical digital que nos unía, a pesar de la enorme distancia entre Santiago y Copiapó. Se podía pasar de lo romántico a lo erótico en tan solo un segundo, bastaba con preguntar algo tan simple como:

—¿Qué haces?

—Me voy a duchar —respondía.

A lo que continuaba la frase:

—Manda una foto de tu ducha.

Y es así cómo terminaba teniendo una foto íntima en mis mensajes de entrada.

Hay toda una historia con una de esas fotos relacionada con la vida y de cómo ella se encarga de recordar un episodio que, en algún momento, a pesar de que creías haberlo olvidado, te lo evoca cuando menos te lo esperas, a veces, en momentos inoportunos.

En esos años no existía la nube, o al menos no era algo que estuviera implantado de forma nativa en los sistemas operativos de los terminales móviles. Lo que se acostumbraba era hacer respaldos conectando manualmente el teléfono móvil mediante un cable USB al computador y con la aplicación que proporcionaba el propio fabricante del terminal realizabas una copia de seguridad de tus contactos, fotos y mensajes. Luego de muchos años, me encontré con un respaldo que no recordaba que existía y que contenía dicha foto. Ahora, ver una foto de uno de tus hombres, desnudo, la verdad es que no provoca nada, pero en términos de una relación de pareja se puede malinterpretar en todos los sentidos, y eso fue exactamente lo que ocurrió.

Mi pareja de aquel momento las vio y se armó un puterío de esos de mil demonios, como si en los segundos siguientes se fuese a acabar el universo. No diré a cuál de todos le tocó, pero mis amigos más cercanos sabrán inmediatamente de qué personaje estoy hablando, porque solo hay una persona en mi vida capaz de montar un *show* de tamañas proporciones. De esa forma, marcó su despedida definitiva Pájaro Duro; luego de borrarlo, nunca más lo volví a ver ni en fotos.

Siguiendo con la historia que inspira este capítulo, diré que pasaron y pasaron los días, las semanas y los meses hasta que llegamos a la Navidad y el Fin de Año del 2012. Ya en ese momento, lo miraba con otros ojos, teniendo claro que era el segundo a bordo en ese barco por una razón muy simple. No te puedes enamorar de una persona que tiene una historia de amor inconclusa. Creo que antes de querer a alguien debes quererte a ti mismo, asear tu casa interior, dejar un espacio libre y, lo más importante de todo es abrir una ventana para que ese otro ser mire hacia tu interior y pueda observar lo que tienes para dar. Después de eso, que sea él quien decida si da curso o no a algo más; no obstante, este no sería el caso. Más adelante terminarán de entender lo que les digo. Seguramente, ya más de alguno lo tiene claro.

Aquel fin de año, para la celebración de Año Nuevo, mi familia tenía planeado descorchar las champañas en la playa, y yo planteé la posibilidad de llevar a Enrique conmigo como mi acompañante. La respuesta fue un rotundo NO, cantado al unísono por mis padres. Ya hacía un buen tiempo que me había deshecho de esa pesada mochila que llevé a cuestas durante mucho tiempo que contenía mi mayor secreto: mi homosexualidad. Siempre he sido una persona respetuosa con ellos y nunca les quise presentar a alguien o llevarlo a casa hasta ese momento.

Todas mis aventuras habían sido alejadas de casa, a excepción de esas dos o tres veces en que subí al segundo piso con alguien a cuestas para que así sonaran solo una vez los peldaños de madera de la escalera de acceso y no levantar sospecha. ¡Inteligente y práctico!

Ahí descubrí que contarles a tus padres que eres gay es una cosa, pero que ellos te vean con alguien del mismo sexo es otra. Es en ese momento cuando llega el verdadero remezón, aunque podría decir que había pasado por muerto y revivido. A ellos les llegó recién el choque con la realidad. Se terminan por convencer de que no hay vuelta atrás y pasa a ser una realidad del aquí y ahora.

Hasta aquel instante todo parecía haber sido una metamorfosis que transcurrió en el interior de una burbuja de forma paralela a nuestras vidas. La única forma de traerlo y extrapolarlo con la realidad presente era tomar de la mano al amado y mostrarlo al mundo. Eso no sucedió con Enrique y fue lo mejor, pero esas simples ganas que tuve de mostrarle al mundo sirvieron para que, de una vez por todas, tomara el toro por los cuernos y decidiera no ir con la familia en esa oportunidad, como señal de protesta. Recuerdo haberles dicho a mis padres con voz clara, serena y firme:

—Si no va él, pues yo tampoco voy.

No se produjo la reacción inmediata que esperaba, tardaría algunas horas en llegar. Ellos siempre pensaron que no concretaría mi amenaza. Llegó aquel día en que había que subir a la camioneta y yo nunca subí. Recuerdo que me rogaban y yo no accedí. Ese viaje se hizo con otra familia. Eran nuestros vecinos, son nuestros amigos, conocidos de toda una vida. Creo que ese fue el problema, el temor de mis padres a presentar a este hijo gay ante esos amigos. No sé qué les pudo hablar la tía Mery, pero recuerdo haber recibido una llamada telefónica de mi padre durante la tarde, la noche previa a las cero horas de aquel día en que se brindaba como es de costumbre. Era mi padre, un poco acongojado y con una voz que daba la impresión de que algo había sucedido, y me dijo:

—Venga nomás, hijo. Con quien quiera venir.

Recuerdo que el júbilo invadió mi ser. No se podía comenzar ese 2013 de mejor manera, pero ya era demasiado tarde, puesto que habíamos hecho planes con Enrique y yo pasaría el Año Nuevo con su familia. Esa fue una de las tantas veces que pude compartir con esas lindas personas. Recuerdo que fue una celebración especial, diferente, todos lo pasamos muy bien. Sin embargo, así como yo tenía mis microtormentas interiores, por tanta emoción y por haber dejado a mi familia por primera vez de lado, Enrique también tendría que enfrentar un pasaje un poco complicado aquella noche. La madre de su hijo, un niño tan hermoso, que tuve el honor de conocer, desconocía la verdadera orientación sexual de Enrique, siendo aquella noche la que mostraría la verdad.

Recuerdo haber dormido un breve momento y me desperté, escuchando una discusión, cerca de las cuatro de la mañana. Desde donde estaba caminé unos pasos y observé a lo lejos a Enrique de espaldas hacia mí, moviendo sus brazos. La madre del pequeño estaba al frente, llorando desgarradamente, tratando de digerir aquella verdad sobre el padre de su retoño. Yo no entendía qué pasaba. Solo lo comprendí cuando Enrique dijo, presurosa y enérgicamente:

—¡Carlos, vete de aquí!

Regresé por donde vine. Respeté ese momento, donde no tenía por qué estar presente, pero que, seguramente, gatillé de una forma u otra.

Al otro día viajé sin él hasta la playa a saludar a mi familia y amigos, debido a que su pequeño hijo había presentado problemas de salud durante la noche. Mis padres no lo conocieron, solo lo hicieron mi hermana y unos tíos.

Nos continuamos viendo durante mucho tiempo, mas no recuerdo hasta qué momento del 2013. La historia no fue muy distinta a los matices ya descritos anteriormente; sin embargo, algo comenzaba a cambiar. Lo que yo comencé a sentir por él se tornó un poco más fuerte y comenzó a ser molesto, puesto que le había dejado de alguna forma el balón en su área y él no se había hecho cargo de aquello.

Su persona representaba todo lo que yo en algún minuto soñaba encontrar en un hombre. Era gentil, cariñoso, amable, honesto y trabajador. Tenía un hijo que, de alguna forma, me permitía explorar la faceta de padre que todos llevamos dentro y para la cual no necesitas de un instructivo. Creo que durante el tiempo que duró aquella historia, incluso tuve ganas de dejar el nido y volar hasta ver cómo todo se empequeñecía detrás nuestro, para seguir a aquel hombre que me cautivaba con su esencia.

Contrario a mis sentimientos, nuestras vidas fueron tomando distancia lentamente. El momento que fue trascendente en este cambio se produjo cuando me enteré de que no era el único. Fuera de aquel ex con el que compartía el departamento por razones prácticas y humanitarias solo hasta que encontrase algo para mudarse y comenzar de nuevo, había alguien más con él, con quien ya se frecuentaba. Era su psicólogo, del cual muchos más detalles no tengo y tampoco me quedé para descubrirlo. Seguramente, con una tableta de chocolate en la barriga, los ojos verdes, el pelo rizado y mucho más a la mano que yo, que estaba a cientos de kilómetros. Claro está, no tenía cómo competir, ni siquiera en lo físico, aunque tuviese algo más valioso que no todo el mundo posee y que muy pocos individuos logran ver, que es mi persona, mi esencia, ese ser tan valioso de una belleza interior incalculable que no se condice con la exterior.

Comprendí que era el final de otro sueño. Me despedí como un caballero lo haría. Luego, me comuniqué con la operadora de telefonía y solicité el cambio inmediato de mi número de teléfono, borré su número en calma, siguiendo con una especie de ritual, cuyo único objetivo final era tomar distancia antes de que la enfermedad fuese más grande y el dolor alcanzara un punto de no retorno. Aquellas dos simples acciones, junto con el tiempo, terminaron por rendir sus frutos y, con el pasar de los días, todo se extinguió.

Cualquier persona calificaría su acción como una mariconada, pero no seré yo. Para bien o para mal, la vida nos pone diferentes opciones y todos elegimos en función de nuestro libre albedrío. Yo recuerdo haber elegido y, lo más importante, dejé que pasara todo aquello. Me permití nuevamente creer en sentimientos cercanos al amor, hacia él, sabiendo que jugué con fuego, entendiendo que me podía quemar, y no puedo negar que así fue.

Al momento de escribir este capítulo no siento que precise sus disculpas o una explicación al respecto, ya que simplemente no es necesario y estaría de más. Solo creo que debí ser esa primera opción, considerando todas las vivencias que nos tocó vivir. Fue un tiempo bonito, fuimos felices, pero el amor germina en tierra firme, con el cuidado suficiente y las condiciones favorables.

CAPÍTULO 3: El Cajero

Este episodio de mi vida comenzó el día en que, por primera vez, pasé a comprar al supermercado de un pueblo que, por aquellos días, me acogía, como todos los años, durante el período que dura la cosecha de arroz, entre los meses de marzo y abril. Era el segundo año que realizaba esas tareas. Debía de tener unos veintitrés. Por aquel tiempo era un inexperto en amores, y la verdad es que aprovechaba al máximo cada escasa oportunidad de conocer a alguien y concretar algo.

No recuerdo con exactitud milimétrica qué fui a comprar, pero sí que había dos cajas abiertas. En la caja en la que me encontraba había una mujer de unos treinta y cinco años bastante bonita; en la otra, había un joven, el cual era hermoso, y de inmediato me llamó la atención, era una especie de Max Riemelt, pero de pueblo. Para los que no saben quién es Max Riemelt, les cuento que es un actor alemán que protagonizó la serie con temática LGBT *Sense8* en el año 2015, emitida mundialmente por la plataforma Netflix, además de la película *Freier Fall —Caída libre* en su traducción al español en el 2013—, pero la gran mayoría lo conoce por la primera.

En fin, este jovencito mayor que yo, de unos veintinueve años, tenía unos ojazos azules alucinantes, no exagero, pero las ventanas de su rostro y su sonrisa eran más que una carta de presentación. En ese instante, mi sistema de pilotaje autónomo tomó control sobre mí. Instintiva e intencionalmente me salí de la fila que estaba para pasar por su caja y poder verlo por más tiempo. Afortunadamente, la señora que estaba antes que yo tenía el carro lleno de productos y pagó con cheque, así es que hubo bastante tiempo entre que la máquina escribió el cheque, lo validó, le sacó código y vino el supervisor a autorizar la transacción, para que yo me lo comiese prácticamente con la mirada; podía hacerlo sin que nadie se diese cuenta porque llevaba puestas unas gafas negras. Llegó el momento de estar frente a frente. Tenía, además de sus dos ojos preciosos, un rostro cálido, de proporciones perfectas, era de mi estatura, pelo rizado rubio castaño claro; la polera de pique, pegada al cuerpo, que era parte de su uniforme, dejaba entrever una figura muy bien formada. Seguramente practicaba deporte. De lo demás no pude sacar factura, debido a que permanecía sentado en su terminal de trabajo. Pero, vamos, eso era irrelevante, solo sentía que me derretía como un helado a pleno sol por la cercanía de aquel hombre.

Nos saludamos como es el protocolo en esos casos. Tenía una voz grave, muy masculina, lo que terminaba de engalanar aquel conjunto humano. Finalmente, pagué por mis cosas y abandoné el recinto. Anduve todo aquel día recordando su imagen, su voz y sus ojos.

Posteriormente, cada vez que podía, pasaba por aquel supermercado a comprar alguna cosa y lo primero que miraba al ingresar era el sector de las cajas, cerciorándome de que él estuviese de turno. Algunas de las ocasiones tuve suerte y lo volví a encontrar. No me importaba que su caja estuviese con más gente, yo igual hacía la fila con tal de verlo y tenerlo cerca. ¡De verdad me tenía verde! Hasta que un día se me ocurrió la cosa más loca y descabellada que hice en toda mi vida y anoté mi número de teléfono en el billete de diez mil con que pagué y, al pasar por la caja, le dije:

—Si algún día necesitas trabajo, apunta mi número, lo he anotado en el billete.

Su reacción no fue de asombro, no cuestionó nada, no preguntó por qué ni para qué, solo respondió con un escueto «OK». Al salir por la custodia noté que le comentaba a su compañera que alguien le había apuntado un teléfono en el billete.

Desde esa oportunidad, no lo volví a ver nunca más en las cajas del supermercado y eso que volví en muchas oportunidades, con la intención de verlo una vez más. Pasó el tiempo, terminó la temporada de cosecha y regresábamos a casa como todos los años, hasta que sucedió lo impensable, dando inicio a esta historia de pasión, fogosidad y, por qué no decirlo, de miedo.

Un día a fines de mayo, principios de junio, recibí un mensaje de texto de un número desconocido que decía: «Amigo, ¿aún tienes el trabajo». Yo, inocentemente, pensé que era alguien que quería trabajo como chófer de tractor o para la siembra. Le respondí: «No, ya terminó la cosecha y la siembra también», sin saber que era aquel cajero que meses atrás le había apuntado osadamente mi teléfono en uno de los billetes con el fin de tener algún otro tipo de contacto. Me llegó otro mensaje que decía: «Estoy sin trabajo. El supermercado desvinculó a varios entre los que estaba yo. Necesito trabajar, amigo. Si sabe de algo, me avisa, por favor». Además, en esos años, si el texto era muy largo, el sistema de SMS descomponía el mensaje en varias partes y llegaba más de uno.

Me asusté muchísimo, me tiritaba hasta la lengua. Con los nervios, la antena extraíble del teléfono Ericsson que tenía en esa época pagó las consecuencias, la doblé sin darme cuenta. ¿Qué le respondía? ¿Cómo le decía que quería tener una cita con él porque el trabajo no consistía en otra cosa más que eso?

Pasé del susto al miedo porque no era algo que hubiera hecho antes. Tenía miedo de verdad. ¿Cuál sería su reacción, su respuesta? En fin, miles de interrogantes que en aquel minuto me invadían.

Me armé de valor y le dije lo que quería. Llegó el mensaje del operador para confirmar que había sido recibido. Seguido a esto me ingresó una llamada suya que no tuve el valor de contestar. Me envió un texto que decía: «Contesta el teléfono, fleto culiao». Mis temores se habían cumplido y sentí que la dureza de sus palabras había traspasado el espacio para apoderarse de mi cuerpo y mi mente. Llamó durante la tarde de nuevo y le contesté. Escuché solo insultos al otro lado de la línea, de grueso calibre, humillando de paso a toda la parentela y con amenazas casi de muerte hacia mi persona.

Más asustado no podía estar… ¿En qué lío me había metido esta vez? Pasaron los días y todo se calmó, no recibí más mensajes ni llamadas. Pensé que todo acabaría ahí, aunque en mi memoria divagaban sus palabrotas y su rabia.

Al tiempo después me llegó otro mensaje que decía: «Amigo, necesito dinero». Recuerdo haberle dicho que lo sentía, que dejáramos todo así, me disculpé. A lo que respondió: «¿Qué es lo que tengo que hacer?». Me sentí como una mierda por dentro. A los extremos que había llegado en aquel peregrinar. Le dije: «No harás nada que no quieras hacer». Continuaba al otro lado de la línea. En ese momento, comenzó la etapa de ganarse la confianza, aunque, honestamente, yo pensaba que me podría pasar algo, en vista de los mensajes que me había enviado antes, pero también pensaba que estaba dentro de las formas que podría reaccionar una persona ante tal propuesta.

Continuamos la conversación y hablamos de dinero. En primera instancia le ofrecí una cantidad. No accedió, pues consideraba que era poco para lo que debía hacer. Fue subiendo la tarifa hasta llegar a un acuerdo.

Pasamos de los mensajes de texto a las llamadas. Noté su incomodidad con el tema y le dije: «Hablemos a calzón quitado. Yo quiero tener sexo contigo y todo lo que ello implica». Le expliqué el tema de los roles y lo que significaban. Seguía sin gustarle la idea, hasta que por fin acordamos la forma en que sería nuestro encuentro accediendo a mis requerimientos.

El «cajero» vivía con su familia cerca del terminal de buses del pueblo junto a una hermosa alameda. En las conversaciones, donde se afinaban los detalles para concretar el encuentro, me había dejado bien claro que jamás iría a un motel a concretar nuestro plan, en un sitio como ese no. Insistí en que era el mejor lugar, pero a él le aterraba la idea de que alguien lo viese entrar con otro hombre a un lugar así.

Yo viajaba al pueblo a casa de unos amigos con cierta regularidad y nos juntamos a conversar. Estábamos en eso, sentados al interior de la camioneta, cuando pasó alguien por la calle y lo vio. Un conocido de él. Le habló, tocó el vidrio, abrimos la ventanilla de la camioneta y lo saludamos. En aquella corta conversación se mencionó una casa que este chico debía cuidar. Había una tía de él a la que prontamente le entregarían una casa. La señora vivía en Santiago y él debía cuidar ese inmueble. Entonces, basado en todos esos antecedentes, se me ocurrió que el problema del lugar estaba resuelto con esa casa. Le planteé la posibilidad de usarla para nuestro *negocio,* y me dijo: «Tú verdaderamente estás loco». Le respondí: «Yo de locura no tengo nada. Soy lo más práctico que hay». Finalmente, concluimos que era el mejor lugar y terminamos haciéndolo en esa casa, ese primer encuentro y durante muchos más.

El día tan ansiado llegó y fue así cómo terminamos en la sala de aquella casa nueva con olor a pintura fresca, en donde solo había un sillón de cuero sintético que no favorecía en nada nuestros encuentros por lo resbaladizo e incómodo del material. También había una alfombra, aún embalada, que se negaba a desempacar, pero que terminó acogiendo nuestros cuerpos.

Durante esa primera cita, los primeros instantes parecieron detener el tiempo. Estábamos sentados uno en cada extremo de aquel sillón. Invadía el espacio un silencio autoimpuesto. ¿Quién daría el primer paso, quién rompería el hielo? Tenía un poco de ansiedad de verlo desnudo. ¿Cómo sería aquel cuerpo sin ropa? Hasta ese instante solo veía su cabello rizado, la barbita de cinco días, uno que otro vello que se dejaba ver antes del tercer botón de su camisa, su sonrisa perfecta y, por supuesto, esas dos polcas de color azul vibrante que tenía en su rostro, las que parecían atraer la admiración de todo el mundo; su mirada profunda que parecía quemar mi corazón y que me tenía cautivo.

No lo podía creer, era tan perfecto y lo tenía frente a mí, a mi entera disposición. Entre esa ansiedad, nerviosismo y no nervios, recuerdo haberle dicho «¿te puedo tocar?». No respondió nada, así que suavemente toqué su entrepierna. No hubo respuesta. Parecía no tener nada en ese lugar. Comencé con aquel ritual de caricias que ya conocía, repetido un sinfín de veces, pero que ahora parecía ser desconocido, ajeno a mis sentidos. Comprendí sus nervios y la tensión que le dominaba. Para él era difícil estar con un hombre. Probé la ternura y el silencio, mientras continuaba con el juego cálido de la seducción.

Comenzó a responder a las insinuaciones y caricias. Cuando lo noté, pensé: «Ya es mío». Había cruzado el umbral donde se funden las sensaciones y el deseo, como la caída a un abismo fascinante, quedando imposibilitado de escapar a su fuerza de atracción, no quedando más opción que terminar en aquel vacío gozoso, imposibilitado de escapar.

Continuando con la escena que acontecía en aquel sillón, al darme cuenta de que estaba teniendo una respuesta de su parte, le desabroché el cinturón del pantalón para de lleno acariciar el generoso botín que la Fortuna me tenía preparado. Incursioné su majestuosa intimidad y, luego de unos minutos, comencé a oír gemidos muy leves que me indicaban que iba por el camino correcto. Hasta ese momento él no hacía nada, parecía estar ahí disfrutando, pero no se integraba completamente al juego erótico. Me desnudé lentamente. Él hizo lo propio y dijo:

—Así estaremos más cómodos.

«Enhorabuena», pensé.

Lo que había comenzado como una nueva experiencia para él terminó transformándose en la mejor noche de sexo que había tenido hasta el momento con alguien, y ese alguien había sido yo. Con esto no quiero pasar como vanidoso, simplemente es algo que en algún momento me confió en una de nuestras conversaciones posteriores.

Aquella vez, como muchas otras que sucedieron, no todo fue sexo. Hablábamos de muchas cosas: comidas favoritas, música, aficiones, sueños... En fin, las divagaciones en donde nos conocimos un poco más. Se había roto el prejuicio, el miedo y el rechazo, dando paso a un encuentro más humano. Alguien le llamó por teléfono y dijo: «Tenemos que regresar». En ese minuto nos metimos a la ducha para quitarnos los rastros de aquel acalorado encuentro.

Ya en el interior de la camioneta le di las gracias por todo y le comenté que el dinero que había gastado en él había sido el dinero mejor gastado del mundo. Me respondió con su risa melodiosa y una mirada con rasgos de ternura.

Más adelante descubrí algo que jamás estuvo en mis planes. Resulta que aquella primera vez le pagué, pero hubo muchas noches y días en los que repetimos nuestras citas sin dinero de por medio, a tal punto que no era yo quien lo buscaba, era él quien insistía siempre en vernos y repetir la experiencia. Al final casi se transformó en un hábito, algo recurrente; no había semana que no nos viéramos.

Durante el tiempo en que compartimos deseos, anhelos y pasión, logré averiguar pocas cosas sobre su entorno. De hecho, en este instante intento recordar su nombre y, la verdad, pese a tener muy buena memoria, me es imposible hacerlo. Sé que tenía una hija y que no estaba casado, tampoco vivía con su familia. Jamás supe si era del pueblo o si solo estaba allí por las circunstancias de la vida. Incluso, no hace mucho tiempo, realicé una búsqueda en las redes sociales para ver si dentro de toda esa huella de ceros y unos que dejamos como rastro cibernético, me encontraba con algún vestigio de él, pero todo fue en vano, no había nada.

Lo concreto es que, además de vernos en nuestros locos y fogosos encuentros, de pronto comenzó a llamarme más de lo necesario, aun cuando teníamos un pacto en que las llamadas serían solo para ponerse de acuerdo y concretar algo.

Comenzó a llamar para decirme buenos días, para preguntar si había comido, para saber cómo estaba yendo mi día. Para resumir, se estaba pareciendo a un novio, novio que en aquel momento yo no quería o más bien no estaba preparado para ello. Reconozco que me sentía bien con su trato, con sus gestos, sus muestras de cariño y afecto. Quizás mi error fue no parar cuando debí hacerlo para que la situación no pasase a mayores, así no habría tenido a este chico tocando a mi puerta completamente embelesado; la verdad, no sé si la palabra enamorado sea la correcta, pero de que sintió algo conmigo, así fue.

Pasamos de los encuentros sexuales a los sentimientos, algo que jamás consideré, a la incomodidad de los celos por su parte, al reclamo si yo no podía viajar a verlo y esas cosas, aunque él tampoco hizo esfuerzos para viajar a visitarme o acompañarme en la vida cotidiana. Interiormente, sabía que esta aventura no duraría para siempre. Un día decidí no hablarle más y tomé distancia. Al final, debió de aburrirse y el tiempo terminó por oscurecer las luces de ese recuerdo, hasta hoy, siendo solo una historia más de las que conforman mi vida y, con seguridad, la suya.

CAPÍTULO 4: Grindr

Grindr es una aplicación geosocial destinada principalmente a un público gay que permite a sus usuarios localizar y comunicarse con hombres en las proximidades.

Esta es la descripción que probablemente encuentres en Wikipedia. Mi descripción sería algo así: Grindr es una *app* que básicamente te permite follar. Es el hogar de aquel coleccionista recalcitrante de imágenes *hot* que, cuando te habla, lo primero que hace es enviarte fotos íntimas que ni siquiera son propias. El hábitat perfecto para ese *Homo sapiens* de hoy que suele llevar el cerebro en los testículos y que comparte la misma estructura con el *Homo erectus* de hace dos millones de años de antigüedad, el que, a pesar de ser primitivo, ya poseía un cerebro ubicado en el interior del cráneo.

La incursión en estos sitios me permitió conocer personas de las que evidentemente ocultaré su identidad. Para ello, me valdré de lugares ficticios y no haré referencia alguna al espacio-tiempo o cualquier otro dato que les permita ubicar los hechos o asociarlos con algún momento en particular de mi vida, pero quiero dejar en claro que la génesis de las historias en sí es de la vida real. Podría omitir estas experiencias, pero creo necesario hacerlo para contarles que no todas las relaciones que surgen de este sitio son sórdidas o enajenadas. Allí encontré a más de un verdadero amigo, a pesar de haberlo conocido a través de Grindr.

Comenzaré con Bernabé, un muchacho muy guapo, delgado, de tez morena paliducha, de mirada apacible, pelo corto, barba de cinco días, que siempre viste su ropa de trabajo. Lo conocí un día cualquiera. Fue él quien me habló primero, hace ya bastantes años. Recuerdo con exactitud que lo primero que dijo fue «Osito Rico», a lo que yo respondí: «Gracias por el piropo, pero no es necesario», y él dijo: «Tenía que decirlo». La conversación continuó en la faceta de lo formal, en plan de obtener la mayor cantidad de información posible del individuo que se encuentra al otro lado de la pantalla. Creo que para ser Grindr estuvimos bastante tiempo hablando; de hecho, mucho más que el promedio, que no suelen ser más de algunos minutos distribuidos a lo largo de todo un día.

Seguramente hablamos de roles, de nuestras comidas favoritas, de series, una mezcolanza de cosas que no detallaré para no extenderme demasiado. Fue así cómo intercambiamos nuestros números de teléfono y, luego de un tiempo, me entró una llamada suya. Lo primero que pensé es que era un psicópata sexual en busca de víctimas. Me dejó también la interrogante:

«¿Qué le sucede conmigo a este muchacho que es capaz de llamarme si soy un completo desconocido para él?». Pronto lo descubriría.

En el mundo gay existen unas clasificaciones tontas, pero, en fin, con esto se intenta dar una descripción de todas las opciones que existen en el mundo gay. La Loca (*queen*) es el gay amanerado, el roscón, el mariposón, la galleta, el diseñador de modas, el peluquero; como podrán ver, incluso se asocia con ciertas profesiones. El Pollo (*twink*) es ese mocoso bonito, imberbe y lampiño que está alrededor de los dieciocho. La Musculosa (*hunk*) es el gay que siempre está regio, tiene el cuerpo perfecto, suele depilarse y se mantiene bronceado todo el año. Mi amigo José Manuel clasifica perfectamente en esta categoría a pesar de no ser de los nuestros. El Chubby es el gordo regordo, es el tipo de gay donde el tamaño y gordura es su principal atractivo. El Oso (*bear*) es el gay que ante todo es masculino, grande y peludo de cuerpo, porta con orgullo su panza y usa barba. La Nutria (*otter*) es el gay peludo y delgado, o peludo y bajito. El Papi (*daddy*) es el gay adulto, experimentado, alrededor de los cuarenta, con algo de plata y educación. Lo que lo define es la atracción y la capacidad de entablar relaciones afectivas con Pollos; yo en algún momento me transformé en ello. El de Closet (*discreet*) se sabe gay, pero no lo ha hecho público por la razón que sea, inventa novias, dice que es rico el culo de Shakira y es el más macho en la rumba con los compañeros de la oficina; algunos llegan a casarse, a tener hijos. Los sin ambiente son los peores, los más promiscuos de la ecuación.

A Bernabé le fascinan los Osos. De ahí su interés por conocerme. Siempre noté unas ganas exacerbadas de vernos en persona. Ese día llegó, y la verdad es que me encontré con la misma persona que había conocido gracias a aquellas sesiones interminables de chats, en donde podíamos estar fácilmente una hora conversando. No me encontré con nada extraño. Tenía en frente a aquel muchacho de siempre, pero había una especie de tensión sexual no resuelta, lo noté inmediatamente. Esa vez el encuentro fue muy breve. Recuerdo que, caballerosamente, ofrecí ir a dejarlo al terminal de buses, a lo que accedió *ipso facto*. En el camino, de pronto, tomó confianza y puso su mano sobre mi pierna, pero me hice el tonto; eso en los códigos es una invitación al motel con todas sus letras. Lo dejé en el destino y me despedí. No terminaría en el motel, no a esas alturas en que el cerebro ya había retornado a su posición habitual al interior del cráneo ya hacía muchos años atrás. Aunque, la verdad, no voy a negar que estaba como para llevarlo a un lugar así. Sexualmente hablando, solo hemos hecho *sexting* en una oportunidad y hubo solo una vez en la que estuve cerca, pero muy cerca, quizás más de lo que habría querido, de aceptarle la idea de ir a un motel. No lo hice, en primer lugar, porque follar es una cosa y otra muy distinta es hacer el amor; hay un abismo entre ambas. La verdad es que con el pasar de los años todo se decanta por la segunda, al menos en mi caso. Lo primero no es algo que me repugne, más bien es algo de lo que disfruto muchísimo; puede hacerse todos los días, pero las prioridades en la vida sufren algunos cambios. La segunda razón es la forma en cómo Bernabé aborda y valora el tema sentimental. Para él las relaciones de pareja se forman bajo los preceptos de relación abierta, donde existe el compromiso entre dos personas que quieren compartir sus vidas juntas, en que ambos están de acuerdo en no llevar un estilo de vida monógamo. Para mí, tener una relación abierta es tener carta libre para poder ser infiel y mantener relaciones sexuales con otras personas que no son tu pareja sentimental, la excusa perfecta para dar rienda suelta a la promiscuidad. La verdad es que puedo sonar anticuado y cartucho en mi forma de pensar, pero creo que es tan válida como la postura de Bernabé. Lo tercero y no menos importante, es que casi siempre, o al menos en la mayoría de mis experiencias, se parte desde el sexo, para luego llegar, en algún momento, a los sentimientos.

La relación con Bernabé comenzó por esa vía y no llegó a buen puerto, porque no quiero ser el capitán de ese barco que siempre irá a la deriva, aunque creamos lo contrario. Como están las cosas y el mundo gay, si entras en ese círculo vicioso, será muy difícil salir y francamente corres el riesgo de que toda tu vida pase enfrente de tus ojos para luego esfumarse, sin haberse hecho nunca cargo de ella. El sexo no es todo, es una parte de la vida amorosa en pareja.

Nos hemos visto infinidad de veces a lo largo de estos años y compartimos muchas cosas. A veces podemos estar horas hablando sobre un tema en particular. Es un chico que se mantiene muy ocupado con su trabajo, además realiza actividades manuales como confeccionar ropa, pintar figuras de yeso, es un *master* en la cocina, le encantan las plantas, los perros y también es muy hábil en cuanto a tecnología. Claro que yo le gano por goleada. Lo último que se compró fue una máquina para bordar y, con el ingenio que lo caracteriza, incluso fabricó su propio soporte para bordar gorras; estuve mirando aquello en vivo mediante una videollamada.

Lo seguro es que si, en el futuro cercano o lejano, vuelve a salir el tema sexual, Bernabé arremeterá con todos y cada uno de sus encantos con tal de cumplir con el objetivo de follar con uno más, en esa larga e incansable lista, pues para él en la variedad está el gusto. También es evidente que a lo largo de todo este tiempo tenemos una relación de amistad, con cimientos sólidos y fuertes. El sexo no es vinculante. Él sabe y es consciente de que para mí es mucho más valiosa una amistad que resolver una tensión sexual superficial.

Por otro lado, está Ignacio, un jovencito de 24 años con el que me encontré un día cualquiera. Un muchacho muy alegre, anda siempre sonriente; de hecho, su lema en la vida es «Sonríe cada vez que puedas». Es un niño al lado de mis treinta y tantos. Siempre me cuestioné estar en cualquier faceta con alguien con tantos años de diferencia, pero en el momento en que nos conocimos necesitaba ese contacto físico que, de vez en cuando, nos devuelve la vida.

Ignacio tiene una mirada apacible, estudia una carrera del área de salud. Como suele ser la tónica en la farándula gay, cuando se habla por primera vez por la *app*, terminas compartiendo fotos íntimas. No fue la excepción. En ellas pude observar un cuerpo masculino agradable a los ojos, con la dosis perfecta de vellos corporales; el tamaño de sus encantos distinguía aquel cuerpo hermoso, acordes a su contextura. Pude darme cuenta a través de sus fotos que era más alto que yo, vestía de forma similar a la mía, no tenía tatuajes a la vista; se podía concluir que era *piolita,* como yo. En fin, estuvimos hablando por varios días. Vivía con unos amigos en un departamento que pagaban sus padres. Era oriundo de la región de los Lagos y en unos días comenzaría su práctica profesional en un hospital muy cercano a la ciudad de Temuco.

En ese devenir de conversaciones virtuales, compartimos nuestros números de teléfono. Posteriormente, cuando hubo más confianza, comenzamos hablar por WhatsApp e hicimos *sexting* en más de una oportunidad.

Durante un fin de semana, en el que no tenía contemplado actividad alguna, recibí un mensaje donde me invitaba a reunirnos en su departamento. En oportunidades anteriores era yo quien había insistido en vernos, pero sin obtener un resultado positivo. Pero, aquel fin de semana, sus compañeros de piso viajaron a visitar a sus familias y, por lo tanto, tendríamos el departamento para nosotros solos. No podía rechazar aquel evento, así que me levanté feliz aquella mañana de día sábado, me duché, perfumé y cepillé mis dientes, nada de depilarse, me fui al natural. No usé hilo dental, como de costumbre, debido a que te puedes provocar alguna fisura en las encías al deslizarlo y esto no es bueno cuando te encuentras con desconocidos. Siempre he sido un tipo muy cuidadoso en ese sentido, lo que me ha permitido mantener una vida sexual saludable y en forma. Jamás una experiencia sexual estará por sobre mi salud, bienestar personal y comodidad social.

A Ignacio le fascinaban los calzoncillos modelo *slip*, me había insistido muchas veces en aquello, pero yo no tenía entre mi ropa interior otros modelos más que los bóxer. Como su departamento estaba muy cerca del centro, le ofrecí comprarlo;

le planteé la opción de que me acompañase al centro comercial a comprar unos que le gustasen. Recuerdo haberle dicho: «Tú los eliges, y yo los luzco para ti», a lo cual accedió fascinado. Aunque finalmente no se atrevió a acompañarme por temor a que alguno de sus conocidos lo viesen conmigo.

Me estacioné cerca de su departamento. Al llegar a la puerta tuve que ingresar unas cuatro veces la clave en la cerradura digital que daba acceso al *hall*, ya que, por despistado, no había leído completamente el pequeño instructivo que había recibido por WhatsApp, el cual decía: «Le presionas el # luego de los 4 dígitos».

Su departamento estaba a la izquierda del ascensor y yo me había metido a la derecha. Al retomar el camino correcto, llegué hasta su puerta, toqué el timbre y, después de unos segundos, tenía frente a mí a aquel muchacho de 24 años que rebosaba juventud por donde lo mirasen. Vestía una polera con estampado de flores y unos *jeans* azules. Estaba descalzo, su pelo un poco enmarañado y húmedo, pues acababa de salir de la ducha y de vestirse con esas prendas para recibirme. Le dije:

—Hola, ¿cómo estás?

—Bien —respondió, y me dio un abrazo de bienvenida.

Seguido de eso, me tomó de la mano y me llevó a su habitación. Un hombre con iniciativa, lo cual agradecí. Pero no en todos los casos valoro la iniciativa porque a veces en ello denoto rasgos o me dejan entrever personalidades impulsivas o sexópatas, de esos que prácticamente no son capaces de controlar sus instintos sexuales. No era el caso en esta ocasión.

En su habitación comenzamos a acariciarnos y a despojar tranquilamente las prendas que cubrían nuestra piel. Allí estaba, sobre su cama, el mejor obsequio del día; ese jovencito era el medicamento exacto que me había recetado el doctor, la semana anterior, contra el estrés. Tenía la dosis perfecta de ternura, simpatía, sus vellos me tenían loco, además olía muy bien, como dirían los españoles. Coño, a esas alturas ya estaba empalmadísimo con él. Estuvimos toda aquella mañana entregados al placer mutuo. Nos dejamos llevar por todas las expresiones amorosas posibles y más no describo, porque un caballero no tiene memoria.

Debió ser cerca de las 13:00 horas cuando sentimos hambre y sed. Le dije:

—Vamos a almorzar. Yo invito.

Accedió luego de algunos minutos, estaba un poco indeciso al parecer. Nos duchamos y vestimos para dirigirnos al Rincón Jumbo a comer algo rico para reponer las calorías quemadas esa mañana.

Fue un almuerzo muy ameno en donde ambos pudimos conocernos en otra faceta distinta a la ya incursionada. Me contó cosas de sus padres y familia que no vienen al caso mencionar. Vi su lado humano, a esa persona que todos llevamos dentro, alguien normal y corriente como yo, que comenzaba a hacerse cargo de su vida y su realidad lentamente. Después de aquel almuerzo, me acompañó a ver un bolso que necesitaba. Terminé aceptando su recomendación a regañadientes y finalmente terminó siendo la mejor opción. Luego le acompañé a una tienda de música a ver una guitarra y otras cosas; fue una tarde muy a gusto junto a él.

Volvimos al departamento y repetimos la jornada matutina hasta que cayó la noche. Le llamaron unos amigos para juntarse en el centro comercial, así que me acompañó al auto y nos despedimos. Llegué a casa justo para la cena, contento, desestresado y feliz, ante las miradas curiosas de mis amigos.

Nuestro andar no tuvo grandes cambios. Nos seguimos viendo y conversando con regularidad hasta el día de hoy. Es un chico al que le tengo mucho cariño y le deseo éxito en la vida, porque es una buena persona y tiene grandes sueños por realizar.

En este capítulo hay harto que contar, el material sobra. Por ejemplo, podría hablar del chico que tenía novia hacía tres semanas, pero que terminó instalando Grindr porque quería probar cosas nuevas y descubrió una realidad que le costó asumir. Pienso que el tema no es probar, el tema seguramente es que esa persona jamás se hizo cargo en su minuto sobre preferencias sexuales. Es un tema interesante, sin duda alguna. Lo curioso es que muchos indican que es la primera vez y solo quieren probar, pero las propuestas que te hacen son bastante atrevidas y osadas, dejando entrever que no es probar lo que quieren, sino repetir algo que ya se transformó en cotidiano, en lo habitual, algo que forma parte de sus vidas, pero que no asumen y pasan a tener una existencia con dobleces, que en algún momento les va a costar caro.

Hay casos en los que de verdad es así y no pasa más allá de experimentar una vez. Me he topado con varios así, en donde, durante todo el encuentro, impera una especie de tensión, y no me refiero a una tensión del tipo sexual, porque después de todo, con el transcurrir de los minutos, realizando estímulos adecuados, se logra despertar sensaciones en tu compañero, lo mismo que provocaría una mujer. Lo excitas y logras que lo pase bien, pero finalmente no desaparece cierta incomodidad que es difícil de explicar. Finalmente, termina por comprender que no es lo suyo y con toda seguridad no lo repetirá jamás en la vida, por lo que esas ganas de probar quedarán sepultadas bajo 400 000 toneladas de arena y que aquella experiencia será algo que jamás saldrá de su intimidad, algo que jamás le contará ni a sus mejores amigos. Lo más probable es que incluso sea motivo de vergüenza. En el otro extremo tenemos la historia del Cajero, donde nacieron ciertos sentimientos y necesidad de la compañía del otro, a pesar de ser del mismo sexo.

En Grindr hay de todo: personas buenas, malas, gente con conciencia, gente común y silvestre como yo, casados con hijos, que en su minuto fueron capaces de llevar la mentira más grande sobre sus vidas a un próximo nivel, pero que para vivir a plenitud mantienen un perfil en la *app* solo para tener encuentros homosexuales de vez en cuando. Incluso el cura párroco de un pueblito rural que nadie jamás se imaginaría encontrar en una aplicación así, te habla descaradamente y no intenta ocultar para nada que pertenece a la Iglesia y que realiza actos de culto a Dios. Parece ser que ese simple hecho de ser parte de la moral religiosa, que implica restricciones precisamente en el ámbito de la sexualidad, es el caldo de cultivo para exacerbar las conductas sexuales, y al ser algo prohibido le agregas una dosis extra de adrenalina, porque para nuestro cerebro es más estimulante transgredir y disfrutar esa tensión que se genera.

Hasta para que te estafen o te vendan droga te alcanza Grindr, pero quise contarles estas dos historias porque los personajes son, hasta el día de hoy, mis amigos y forman parte de mi vida.

CAPÍTULO 5: Esteban

Esteban fue el ser humano con el que viví de forma plena y total aquel sentimiento del que hablamos en el primer capítulo de este manuscrito. Es y será por toda la vida ese ser que en algún minuto vino y desordenó todo mi mundo. Es ese ser que me dejó algunas costumbres. Es ese ser que no importa el momento, lugar o circunstancia, siempre le atenderé la llamada, le daré un consejo o una palabra de aliento. Es esa persona a la que no puedes negar nada, a pesar de ir en contra de lo que opinan tus propios amigos y a pesar de que ya no forma parte de mi vida.

Creo que quienes amen o hayan amado a alguien en el pasado sabrán entender de qué les hablo.

A Esteban le conocí a través de una *app* de citas a comienzos de la cosecha del año 2014. Recuerdo que estaba recién llegada la cosechadora CR. Fue en esos viajes de todas las tardes a la ciudad de Chillán, en los que iba en busca de petróleo, cuando por primera vez lo vi en esa matriz de caras que suelen presentar estas aplicaciones móviles, organizados de acuerdo con la distancia a la que están con respecto a ti. Recuerdo haberle escrito yo primero: «Hola, guapo. ¿Cómo estás?». Me respondió: «Gracias por el piropo. Estoy muy bien. ¿Y tú?». A lo que siguió la etapa de presentación, esos primeros 10 minutos en los que se intenta saber la mayor cantidad posible de datos el uno del otro.

Luego de esos minutos de plática y en vista de que estábamos muy cerca, decidí plantearle la posibilidad de que nos conociéramos ese mismo día, a lo que Esteban accedió sin problemas.

Me detuve un momento en alguna parte de la calle Rosauro Acuña, cuando él llegó al auto y se subió sin más. Continué avanzando hasta la placita que hay por esa calle a la derecha, no recuerdo el nombre, pero por el saliente hay un colegio, por el poniente una iglesia y por el costado norte está la calle Rosauro Acuña. Estacioné en ese lugar, no recuerdo por cuánto tiempo, pero fueron cerca de dos horas en las que hablamos de todo. En ese tiempo, tratamos de resumir nuestra vida entera, para que, de alguna forma, en esa pequeña fracción de tiempo nos conociéramos más.

Estaba claro, ambos nos agradamos, intercambiamos nuestros números de celular con la seguridad de que continuaríamos en contacto. Fue así cómo encendí el motor, porque ya se había hecho tarde, y le ofrecí acercarlo a casa, a lo que respondió:

—Estamos muy cerca, vivo cerca del estadio.

Al doblar por la calle Huambalí, exclamó:

—Aquí me bajo yo.

Activé las luces de estacionamiento luego de orillarme. Había una especie de tensión adolescente en el aire, esas ganas omnipresentes de que el momento no terminara, pues habíamos estado muy a gusto el uno con el otro. Le di la mano, nos despedimos, pero faltaba aquel beso en la mejilla que me daría, y la verdad es que no sé si fue producto de los nervios o simplemente fue un error de cálculo, pero terminamos dándonos un beso casi en los labios. Prácticamente le había besado sin querer.

Aquella noche, luego de llegar a casa, estuvimos hablando por WhatsApp hasta altas horas de la noche; así fue hasta que, en de unos días, nos volvimos a ver.

Antes del reencuentro, recuerdo las ansias que tenía de verlo, de oír su voz, de sentir su aroma. No fue amor a primera vista, porque no creo en esas cosas. Aunque creo que la mezcla de sensaciones que me causaba Esteban fue, de alguna forma, lo más parecido a eso llamado amor a primera vista. La ciencia concluye que el amor a primera vista, como tal, no existe, lo que refuerza mi creencia respecto al tema. Más bien creo que fue una conexión recíproca que se produjo en esta magia de los sentimientos amorosos.

Esa fue una de las tantas veces que nos juntamos, aprovechando mis viajes a Chillán, ya fuese por algún trámite o compra de petróleo, que generalmente hacía en las tardes, cuando ya el calor no era tan intenso. Aunque más de alguno de esos viajes solo estaba motivado por la intención de vernos nuevamente.

En uno de esos encuentros, Esteban quiso salir de paseo hacia el sector sur oriente de Chillán, para el lado conocido como El Puente del Diablo. Fue así cómo terminamos metiéndonos por los caminos interiores de una de las forestales de la zona. Fue una tarde muy simpática en donde paseamos sin que pareciera transcurrir el tiempo. Anduvimos por unos cerros, tomados de la mano, disfrutando profundamente esa sensación de haber encontrado al ser indicado para amar, lo que nos regalaba el maravilloso estado emocional de sentirse pleno.

En uno de los abrazos que me dio noté algo raro cuando se me acercó. Era la vigorosidad del roce de su sexo y comprendí que Esteban tenía una manifestación corporal en aquel momento, gatillado por mi presencia, lo que anunciaba el deseo de un encuentro amoroso más íntimo.

Habíamos hablado de todo, pero nunca habíamos tocado el plano sexual. Fue así como bromeé sobre el tema diciéndole:

—Mira cómo estás, y yo que pensaba que eras distinto a los demás.

Comentario fuera de lugar, pues a esas alturas ya me había imaginado en esa faceta con él y estaba más que interesado también. Luego de aquel episodio, nos subimos a la camioneta sin hablar nada más respecto al tema. Ambos sabíamos qué queríamos: culminar aquello que había comenzado con esa erección de Esteban. Nos adentramos hacia el interior de un bosque de pinos en evolución, por un camino muy estrecho, con la intención de alejarnos del camino principal y tener mayor privacidad, a pesar de ya ser parte de la nada del campo. Finalmente, llegamos al lugar en el que creíamos estar aislados del mundo. Nos cambiamos al incómodo y estrecho asiento de atrás y dejamos que nuestros instintos y deseos florecieran en todo su esplendor. Aquel día descubrí las habilidades de Esteban como amante. Con él aprendí a vivir ese plano de la vida como los dioses, donde el cuerpo y el alma se funden en una sola realidad, y comencé a experimentar el verdadero arte del amor. Practicaba las formas más increíbles de seducción y podía multiplicar sus orgasmos, así como esos que la literatura afirma son solo capaces de tener y sentir las mujeres.

Nos habíamos desvestido parcialmente. Mis ojos apreciaban aquel pecho perfecto, incluso conté sus 67 vellos distribuidos armónicamente dándole mayor sensualidad. Tenía la dosis perfecta de músculos. Toda su anatomía atesoraba la misma perfección, homogéneo, viril, sensitivo, asombroso cuando llegaba el momento de máximo frenesí erótico. Me permití recorrer libremente aquel hermoso cuerpo con la mirada, las manos, los labios, en una danza de caricias que nos estremecían hasta el alma.

Todo era perfecto: el momento, la luz, la pasión, pero, cuando estábamos en la esencia de nuestra entrega, de pronto, se sintió un tremendo ruido por el costado derecho de la camioneta; eran dos jóvenes en moto, de esas todoterreno con escape libre. Debieron de ser mezcleras. El primero había pasado a gran velocidad, pero el segundo se detuvo al frente de la camioneta, justo al lado derecho del capó, giró su casco y nos miró; luego, aceleró apresuradamente, dejando el parabrisas lleno de arena. Ese pequeño paréntesis no logró hacer que mi compañero perdiese la compostura y continuamos con los que estaba por culminar. Luego de saborear el más dulce de los bocados, nos reímos, porque se suponía que alejarnos del camino principal nos garantizaría privacidad y tranquilidad y eso estuvo lejos de la realidad.

Pudimos haber ido a un motel, pero la verdad es que al motel se lleva a una persona con la que follas por una vez y lo de Esteban no se trataba de aquello, porque desde el primer instante tuve la sensación de que sería el último hombre en mi vida. En el plano sexual vivimos muchos matices, siempre había algo nuevo que probar, nos complementábamos muy bien; en todo instante estuvo viva y encendida aquella hoguera que resguardaba ese componente tan esencial en una relación de pareja. Pero no todo en nuestra historia fue miel sobre hojuelas, como en este aspecto, ya sabrán por qué, mis queridos lectores.

Esteban fue el primer novio que tuve puertas adentro. Debido a esto, nos tocó enfrentar algunas situaciones un poco duras.

Esteban fue ese chico que llegó a nuestra casa, ubicada al sur de mi pueblito natal, Pinto. Junto con él se hizo presente un vendaval invisible que vino a revolver esa calma imperante. Si bien es cierto ya hacía mucho tiempo que les había contado sobre mis preferencias sexuales a mi familia, la cual siempre me acogió con los brazos abiertos, a pesar de los inconvenientes que podía causar mi homosexualidad, este simple hecho tenía una connotación trascendental debido a que contarlo, decirlo, escribirlo en un papel, hacerlo «público» entre comillas es una cosa, y otra muy distinta es que te vean en la práctica con alguien de tu mismo sexo. Hasta ese momento, yo sé que muy, muy en el fondo, aún existía la esperanza para mis padres de que aquella realidad no fuese cierta, sobre todo para mi madre.

Recuerdo que cuando llegué con Esteban por primera vez a la casa y lo presenté, ni siquiera como novio, solo como amigo, para de esta forma calmar un poco los ánimos, mi madre nos recibió con su amable cara, pero transformada en una mata de cardos, una de esas que pareciesen tener espinas hasta las raíces. Expresó sin filtros y sin pelos en la lengua que Esteban debía irse, que no podía quedarse. Mientras él permanecía con su bolsito en una de sus manos, mi padre le buscaba conversación por otro lado, porque su actitud no era de rechazo total. En vista de aquello, mi madre terminó preparando una habitación para él en el extremo norte de la casa, planta baja, en circunstancias que mi habitación estaba en la planta alta extremo sur de casa. Estaba claro el mensaje. Ella quería que existiese distancia entre nosotros y mostraba su descontento con esa escueta actitud. No obstante, Esteban jamás durmió en aquella habitación; desde el primer momento durmió conmigo.

Al otro día, en el desayuno, nos encontramos en la mesa con esa cara agria que suele tener mi madre cuando algo le molesta o no es de su agrado. Esa tensión era tan palpable que, a ratos, nos robaba el dulce y amargo momento que protagonizábamos Esteban y yo. Mi padre hacía esfuerzos intentando entablar una conversación con él de lo que fuese, porque, a diferencia de mi madre, si tuvo algo que decir o si no estaba de acuerdo, jamás fue explícito como mi madre. Yo creo que si se quejó de algo o gritó para descargar su rabia, impotencia o descontento, jamás lo hizo conmigo, seguramente lo hizo con alguien más. De hecho, lo único que se limitó a decir lo vomitó muchos años después de que Esteban y yo ya no estábamos juntos, precisamente en aquel 2018, el año en el que comencé este escrito. No fue algo homofóbico o de rechazo, solo dijo que Esteban era muy bueno para el dinero, un hombre muy caro de mantener, que lamentablemente le gustaba gastar sin miramientos lo que con tanto esfuerzo yo ganaba, que era malo para aportar y trabajar, pidiéndome que tuviera más cuidado con eso en el futuro.

Regresando al desayuno, Esteban se ofreció a lavar los platos para intentar agradar un poco más a mi madre, pero aquella rosa llena de espinas seguía allí. Yo sentía que me quería decir algo, pero no encontraba la forma. Cerca del mediodía no pudo más y escuché la pregunta que llevaba atragantada durante toda la mañana:

—¿Y este niñito con quién durmió?

—Pues conmigo, mamá. ¿Con quién más? —le respondí.

Seguido de esto no hubo palabra alguna de respuesta, solo una expresión en su rostro que demostraba haber perdido la batalla, como queriendo decir «¿para qué pregunto lo que es evidente?». Nos enfrentamos a un ambiente hostil, pero solo en mi casa, porque en casa de Esteban todo era totalmente opuesto: su madre incluso nos prestaba su cuarto para que durmiéramos, pues en la habitación de Esteban había una cama de solo una plaza, era muy pequeña para los dos. En cambio, en más de una oportunidad mi madre fue un perro rabioso con Esteban, pero el tiempo hizo lo suyo y pasó de ser el más odiado al más querido. De pronto, Esteban había pasado a ser parte del día a día, de la cotidianidad y parte íntegra de nuestras vidas.

Durante el tiempo que duró nuestra relación, que fue más de 4 años, no me privé de nada, hacíamos de todo, salíamos a comer, de compras, a eventos, de vacaciones, se quedaba semanas enteras en casa, incluso viajaba desde allí hasta su trabajo, en fin, todo aquello que una pareja suele hacer.

Con él mostré al mundo mis sentimientos y dejé ver a los demás algo de aquella intimidad, para que, de una vez por todas, se comenzase a extinguir esa homofobia omnipresente que suele estar a flor de piel, sobre todo en la vida del campo. No negaré que fuimos blanco de burlas y comentarios, como aquella vez en que sorprendimos a más de uno de los trabajadores, en las bodegas de mi casa, cuchicheando, bromeando y riéndose sobre nosotros mientras laboraban. En esa ocasión pregunté:

—¿Qué pasa aquí?

Solo alguien muy temeroso se limitó a responder:

—Nada, Carlitos.

Tomé a Esteban de la mano por un momento para que todos nos viesen y dar punto final a los comentarios mal intencionados sobre el tema. Con esa simple acción, la presencia de Esteban fue considerada como parte de mi cotidianidad y de quienes me rodeaban. Con el pasar de los días, se acabaron los rumores y se sepultaron los prejuicios, las burlas y todo aquello que pueda surgir sobre algo que no es nada más que el amor entre dos personas que se quieren, honran y respetan como cualquier otra pareja.

Durante el tiempo que duró nuestra relación, me declaro culpable de haberle amado de todas las formas en las que se pueda amar a alguien. Aunque, seguramente, me faltó querer algunas cosas, porque, de pronto, algo cambió en nuestras vidas, nuestras metas ya no eran las mismas, nuestro horizonte ya no era el que soñábamos. Los sentimientos evolucionaron, se transformaron. Con esto no quiero decir que dejé de quererlo, que mi amor original cambió o mutó a otra forma de amor. Ciertas actitudes pasaron a ser gestos enfermizos de su parte. A veces, me hacía sentir como un objeto al que podía poseer y dominar. Ahora comprendo que mi único error fue estar más tiempo del que correspondía en ese estado.

Fue difícil darme cuenta de que la vida sigue. Era bonito sentir que me miraba cuando me decía te quiero, cuando me despertaba con un beso por las mañanas. La vida sigue y no te vas a morir. Pero retomar lo que vivimos, lo que sentimos, se hacía cada vez más complicado; cada intento nos alejaba más y más. Esteban se llenó de manías y desconciertos, y yo alimentaba cada día más el deseo doloroso de que llegara el momento en que me regresara el corazón y dejar al tiempo que hiciese su trabajo.

En toda esta historia de amor hay una acción de la que no me siento particularmente orgulloso. Está aquí, como si fuese ayer. Me golpea la puerta de un pasado que deseaba que fuera para siempre, pero que se estaba desmoronando como un castillo de arena, una espina que dejó su herida en el centro del corazón. Fue el día en que todo terminó. Esa tarde, no recuerdo la razón del altercado, a esas alturas las discusiones y peleas, de todo tipo e índole, ya eran parte fundamental del menú. Fue un fin de semana. Quedamos de ver una película después de almorzar. Pero, con el almuerzo, me dio sueño y le dije a Esteban:

—Baja el volumen, voy a dormir un ratito.

Esteban, con cara de pocos amigos, bajó el volumen. Logré dormitar un poco y luego me despertó.

—¿Pero tú qué tienes en la cabeza? ¿Qué parte del quiero dormir no entiendes? —le dije ofuscado.

Tomé mis cosas, me vestí y me fui a dormir a la cabañita de los trabajadores para dejarlo que viese la película y yo descansar. Al cabo de unos minutos ya estaba dormido nuevamente y llegó Esteban, polemizando, diciendo frases como:

—¿Y para esto me trajiste? Me dejas solo. No me das mi lugar.

En fin, actuaba como el perrito rosquero que le ladra al más grande. Me levanté de la cama, sin pensar en las consecuencias de mis actos. Me dejé llevar por una rabia inusual en mí y, con la mano derecha, le di una violenta palmada en el rostro, casi lo derribé con la fuerza del golpe. Se produjo un breve momento de silencio. Sus ojos enormes me miraban con miedo y rabia, mis venas se aquietaron, pero no fui capaz de reconocer la repudiable acción que acababa de realizar.

Me amenazó con denunciarme por maltrato intrafamiliar, a lo que yo le manifesté:

—Te acompaño a estampar la denuncia.

De paso, en el tono de sarcasmo que suelo usar para sacar más ronchas de las que ya saco con lo que digo, le dije:

—Mañana el titular de la portada de La Cuarta dirá: «Cola le pega a otra cola».

Luego de aquello, me siguió. Su actitud fue la misma, la cachetada no había servido de nada. Subiendo la escalera de acceso a nuestra habitación seguíamos en aquel campo de batalla verbal. Mis padres permanecían mirando la TV; no obstante, hubo un momento en que noté claramente que la pusieron silencio. Me di cuenta de que esto ya no debía continuar y le dije:

—Pídele una bolsa de basura a mi madre y recoge todas y cada una de tus cosas, porque si se te queda algo, lo quemaré.

Esto llega hasta este preciso instante, Esteban. Te espero en la camioneta, porque de donde te saqué, ahí te dejaré.

Mientras estaba esperando en la camioneta, me sentí como el ser más infame por haberle pegado; fue como haberme destrozado yo mismo. Es difícil registrar en palabras nuestros actos de violencia, recapacitar sobre lo agresivos que podemos ser, al tratar de esa manera a quien todavía queremos y ha compartido parte de nuestra vida. Hoy creo que no tengo justificación alguna para validar mi comportamiento; sin embargo, pasó, y no fui capaz de evitarlo.

Cuando llegó finalmente al auto, le pregunté si se había despedido de mis padres, a lo que respondió que no.

—Quizás debas hacerlo, porque no pondrás un pie nunca más en esta casa. No estoy bromeando, Esteban. No sé si te has dado cuenta de lo que pasa —le dije.

Durante el camino se produjo un silencio tormentoso, cómplice de nuestras acciones, que a momentos era interrumpido por alguno de los dos, defendiendo lo indefendible, y terminar enfrascados en una nueva discusión. Había soñado que esa relación sería para siempre y ahora se desmigajaba por completo. Miraba a ese hombre que había sido el centro de mi vida y no entendía por qué la magia se había roto, parecía estar tan lejano a mí en ese instante, con ello toda la felicidad que habíamos compartido.

Finalmente, llegamos a su casa y, al abrirnos la puerta, su madre, al observar nuestras caras, dijo:

—Era con devuelta.

—Sí, tía, le regreso al hombrecito este.

Esteban trató de hacer lo mismo que yo había hecho momentos atrás al comportarme como un indeseable patrón de fundo, pero la verdad es que no le resultó. Jamás le identificará un papel así. En aquel momento le faltaban agallas, coraje y madurez para lograrlo. Salí de aquella casa por la puerta que había entrado, pero con la pena más grande del mundo. No fue fácil. Sentía en mi espalda el dolor de abandonar a quien había sacado lo mejor de mí, pero también emergió lo peor de mí en esta relación. Para bien de los dos, era necesario.

CAPÍTULO 6: Suicidio

Todos sabemos qué es el suicidio. Todos, en algún minuto de nuestras vidas, por una causa u otra, podemos llegar a ese estado en donde parece ser que el tiempo se queda estancado. En donde no hay un pasado al que aferrarse ni tampoco un futuro. Ese breve instante de tiempo, ante la inmensidad que podemos llamar vida, donde nuestra alma se degrada, donde todo se destruye, donde la autoestima, el sentido del valor se deshace y, finalmente, nuestro espíritu se despedaza y no por voluntad de Dios, precisamente.

El suicidio es el resultado directo de la pérdida de ese soporte vital llamado familia; ese entorno, ese pequeño espacio tan íntimo donde te sientes querido, protegido y amparado. El núcleo básico de toda civilización, es de eso que hablaré en este capítulo.

Cuando surgió aquella vaga idea de escribir estas vivencias, sabía que llegaría un momento en el que hablaría sobre esto.

¿Cómo una persona es capaz de llegar a tal estado de degradación emocional y física? ¿Cómo se puede detener el tiempo? ¿Cómo es que suceden las cosas para llegar a tal drástica determinación de atentar en contra de tu propia vida? En mi caso, fueron muchas cosas: debilidad, un mal momento, soledad, miedo... No sé. Lo único que tengo claro es que entre la vida y la muerte hay tan solo milímetros, un hilo tan invisible, frágil y débil que de un momento a otro se puede romper. Siempre he pensado que Dios nunca te pone cosas o cargas más grandes que las que puedes sobrellevar, pero en algún instante pensé que cargaba con una de ellas. Mi homosexualidad. Ahora es uno de los temas sobre el que menos me cuesta expresar lo que pienso. En un comienzo pasé por un periodo de negación, no me convencía de ello, me daba vergüenza asumirlo y reconocerlo más allá de mi intimidad.

De haber concretado la decisión de quitarme la vida, algo que intenté hacer, pudo haber tenido consecuencias nefastas para mi familia y me habría perdido de tantos tesoros que nos regala el simple hecho de existir. No habría conocido a Carlos Alfonso, por ejemplo. Al final, cuando logras la superación, llegas hasta un instante en el que incluso te ríes de aquello y lo tomas como una broma, aunque en su momento fue algo muy grave.

En mi familia hay un antecedente de suicidio. Sé que no se despierta un día con ganas de matarse; es una seguidilla de acontecimientos y hechos que lentamente te transforman en una persona depresiva, sin ganas de vivir. Surge la convicción de que tus problemas no parecen tener escape. Cada vez duermes menos. Cada día que pasa, tu mente parece atrofiarse y no te permite razonar de forma clara. A esto se suman factores externos, que muchas veces no están bajo tu control o de los cuales no posees injerencia alguna. Es una falla que comienza por algo muy pequeño y que, con el pasar del tiempo, se transforma en una falla multisistémica, irreversible.

Es curioso. Hoy, al analizar, me di cuenta de que ninguno de mis cercanos (padres, hermana y quienes me rodeaban frecuentemente) se dio cuenta sobre mi estado de ánimo. Puede ser que, como te ven a cada instante, no logran percibir aquellos pequeños cambios y conductas que a lo mejor un extraño las reconoce inmediatamente.

La época en la que todo esto ocurrió fue cuando, como familia, estábamos pasando por un problema familiar. Descubrí esta situación porque, en una ocasión, detecté varios cheques girados en diferentes fechas, pero todos con el mismo monto, un monto de seis dígitos. Primero que me llamó la atención fue la cifra, números redondos, a diferencia de las compras que siempre te cuenta 1,99 y no 2. Era demasiado extraño para los movimientos de la cuenta bancaria. Marqué muchas veces sobre el número del documento para así poder ver la imagen que el banco registra por ambos lados al ser cobrado por caja, y no era posible. Finalmente, apareció dicha imagen y el nombre de una mujer se repetía en todos los cheques. ¿Qué negocios tenemos con esta señora? Esa fue la primera pregunta. La respuesta era simple, pero dolorosa. Mi querido padre estaba envuelto en algo poco santo. No fue muy difícil comprobarlo. Revisé el detalle de las llamadas y había un número que se repetía con frecuencia. Marqué a dicho número y jamás obtuve una respuesta. Le pedí a uno de mis amigos que llamara y respondió la mujer que estaba robando la tranquilidad de nuestro hogar y la dignidad de mi madre.

Permanecí con aquella bomba de tiempo por un periodo más largo del que hubiera querido en las sombras de mi corazón. Sentía que le faltaba a mi madre, de igual o peor forma de lo que lo hacía mi padre, al quedarme callado y no contarle nada. Finalmente, me armé de valor y decidí hacer frente a mi padre.

El día elegido para conversar con él fue aquel en que le ayudé a cargar la fumigadora con agua y químicos; fue un trabajo normal de la jornada diaria. Después, lo seguí en la camioneta, y en el cruce de Los Canelos con el Fundo Calabocillo, con las impresiones de los cheques y el listado de llamadas a la «misteriosa» mujer en la mano, le exigí una explicación.

Lejos de escuchar lo que mis oídos querían oír, me encontré con el característico personaje machista invisible que piensa que el hombre es más hombre cuanto más mujeres tiene, como si fuera una corona que se ponen y la lucen con orgullo. «Maricón con todas sus letras», pensé de mi padre con desolación ese día. Sin mirarme, agregó:

—Cuando tengas una, me entenderás.

Ese momento creo que fue la vez en que más cerca estuve de gritarle en su cara que eso no sucedería jamás debido a mi orientación sexual, pero no lo hice. Sin embargo, ha sido la única vez en que me olvidé de que era mi padre y le dije una cantidad de insultos irrepetibles y de los cuales jamás me sentiré contento. Él también me reprochó de todas las maneras posibles, además de echarme de la casa y amenazarme poco menos que de muerte si yo develaba algo.

En su momento, le pedí perdón por aquello. Él también hizo lo propio.

Después de ese episodio, comenzaron esas largas noches amargas e infinitas en donde me recostaba, bocarriba y cerraba los ojos. Me entregaba a esa sensación de ir cayendo al vacío pesadamente, lentamente, mientras todo daba vueltas a mi alrededor, como un salto al vacío, donde no se toca fondo, pero tampoco hay interés de asirse de nada. Una sensación difícil de explicar, pero así ocurría. Aquella pelea con mi padre había acelerado aquel cronómetro autodestructivo que ya había comenzado a correr en mi conciencia. Llevaba a cuestas una profunda depresión, en parte, debido al trabajo de mantener aquella mentira y el secreto de mi homosexualidad, ese peso, cada vez más insufrible, de saber cómo sobrellevar esta diferencia que marcaba mi vida.

A los dieciocho años te preguntan por la polola y puedes darte el lujo de decir que aún no la has tenido. A los veinticinco te preguntan cuándo te casas y elaboras una respuesta relativamente inteligente. A los treinta te preguntan por Marisol, esa novia que te inventaste a los 28, de la que incluso has contado detalles a tus amigos o familia, pero que no existe. Cada vez la invención resulta más elaborada, con ello el desgaste físico y emocional de sostenerla es más grande. Por otro lado, me cuestionaba la falta de honestidad conmigo y las personas que amo. Esa doble vida, entre comillas, me llevó a la deriva, a no tener paz ni tranquilidad. Ni yo sabía quién era. Definitivamente, sentía que mi existencia no era vida.

Hay momentos que no recuerdo. Es como si mi propia mente quisiera anular pensamientos, visiones, movimientos, acciones de este proceso. Sin embargo, esa tarde, la que recuerdo claramente, busqué en internet la forma exacta de cómo hacer el nudo del verdugo (nudo dogal o nudo del ahorcado) junto con una soga lo suficientemente resistente y acorde a mi peso; busqué una escalera para subir hasta las vigas del galpón y amarrar dicha soga. También recuerdo haber buscado un tambor de aceite vacío para subir sobre él, de esa forma, una vez armado el nudo, podría patearlo y culminar con el atentado en contra de mi propia vida y terminar con la agonía que producían mis verdades.

Todo quedó listo para ser usado más tarde durante la noche. Estaba decidido. No recuerdo en qué momento me levanté de aquella cama que me mantenía en una especie de ingravidez, desdoblado de alguna forma. ¿Qué pasaba por mi mente? No lo sé. Pero el malestar estaba en el aire, en mi piel, en mis venas. Los párpados parecían tener el peso de miles de años. El cuerpo parecía ya sin su alma, le había abandonado dejándome en ese trance, ante el cual la única salida es la muerte.

Salí de casa, cuidando de no ser escuchado ni por la oscuridad. Me encontré en la puerta con mi Tyson, aquel perro fiel que, por alguna razón, llevaba mucho tiempo durmiendo junto a la ventana de mi habitación. Me siguió cual sombra nocturna hasta el lugar que me esperaba. La ceremonia silenciosa de mi muerte había comenzado, ya no había regreso. En ese trayecto breve y eterno a la vez, no recuerdo el instante preciso, el animal se agarró de mis ropas en una lucha ciega con mi sentencia, incluso desgarró mis pantalones, con los tirones que me daba para que no avanzara, para que, de alguna forma, yo no terminase con lo que había planeado horas antes. Recuerdo vagamente que me jalaba, que daba saltos y vueltas a mi costado. Su hocico húmedo tocaba mis manos. De alguna forma quería hacerme reaccionar. Llegué frente a la escalera, la soga y las cosas que había dejado listas horas atrás. Intenté detenerme, pero la verdad es que mi fiel amigo no me dejó. Fue así cómo terminamos no sé hasta qué horas de la noche deambulando por los potreros de la parte norte de la casa. No sentía frío ni sensación alguna en aquel estado, a pesar de que seguramente la noche era helada y húmeda. Esa fue una noche de almas errantes, donde las sombras de mi mente solamente se disipaban cuando sentía la tibia compañía de mi perro, que no me abandonó un segundo. Ni el viento se hizo presente, ni la luna, ni las lágrimas. No dormí absolutamente nada una vez más. Luego de ese deambular, terminé nuevamente en mi dormitorio hasta la mañana siguiente.

Cuando la luz del amanecer inundó por completo los cerros y campos, me levanté, sin culpa ni remordimiento alguno; mi mente parecía aletargada todavía. Al salir de casa, ahí estaba mi fiel mascota esperándome, atento a todos mis gestos, moviendo su chonguito de cola, realizando todos los guiños posibles para que me diese cuenta de su presencia. Me acompañó hasta la casa de mi abuela, donde me llevaron mis pasos. No debía de estar en mi sano juicio, pues crucé el estero que separa las dos propiedades y me presenté ante ella todo mojado. Inmediatamente, me preguntó qué pasaba. Su cara dio a entender que percibió la tristeza de mi estado. Envió a uno de mis tíos por mi padre, el cual llegó luego de unos minutos. No recuerdo exactamente y con total claridad lo que dijo, pero creo que exclamó:

—¡Tenemos un grave problema con tu hijo!

Mi padre, antes de que mi abuela apretara un poco más la situación, dijo que lo lamentaba y terminamos hablando del porqué, para qué y cómo se gestó el tema de su infidelidad. En aquel momento, me quebré y comencé a llorar a borbotones, como si miles de lloros quisieran salir de mi corazón. Fue mucho más desgarrador que el llanto adolescente en el patio del colegio, más profundo. No veía nada, producto de las lágrimas, y casi no se entendía lo que decía de tantos mocos y congoja. Era un llanto de dolor, de tristeza, de rabia, miedo, soledad, impotencia, un amasijo de sentimientos y sensaciones. Mi abuela, con sus años, insistía en que había algo más.

—No es para que llores de esa forma. ¿Qué te sucede, hijo? Cuéntanos, así te podremos ayudar —dijo mi abuela.

Terminé confesando todo lo que había sucedido en horas anteriores y que no ocurrió gracias a mi perro. Para esta verdad no había cabida en sus cabezas, era una aberración. Comenzaron a indagar más y no se convencían.

—¡Pero si lo tienes todo! —exclamó mi padre—. ¿Qué más quieres?

Respondí como un susurro:

—Es que hay algo más que llevo a cuestas y que no me deja vivir.

La verdad es que no sé de dónde saqué esas fuerzas para contarlo por primera vez, invadido por completo por el miedo, miedo al rechazo, miedo al qué dirán, miedo a ser yo mismo. Siempre me imaginé el mejor momento, incluso hasta lo había ensayado, pero hoy me doy cuenta de que no existe el mejor momento o ensayo que valga para revelar una cosa así.

Una vez que aquel secreto fue develado por mi voz temblorosa, mi verdad se apoderó del semblante de mi padre. Fui testigo presencial de mi propia muerte, pero que ahora no venía desde mi mano, pues vi cómo cambió el rostro de mi padre de tal forma que sentía que, en aquel instante, había aparecido un abismo insondable entre los dos. Su mirada cabizbaja ocultaba su espanto, su rechazo ante la confesión que acababa de oír. El aire parecía haber sido extraído por completo de sus pulmones. Su cara era la de un enfermo, esa misma palidez de cuando te enteras de la muerte de un ser querido. Solo fueron unos minutos, pero ciertamente pareció una eternidad.

Mi abuela, por otro lado, solo me abrazó. En ese momento, era lo único que necesitaba. Mientras me abrazaba, decía:

—Todo estará bien. Saldremos de esta de alguna forma.

Siempre me preocupó su reacción. Pensé que por ser la matriarca de la familia sería la más homofóbica, y créanme que fue todo lo contrario. Ella insistió en que había que contárselo a mi madre inmediatamente. Quería que fueran por ella también, pero mi padre se negó rotundamente, pues él debía contar sobre su infidelidad primero. Fue lo único para lo que sacó la voz luego de contarle mi secreto.

Una vez en casa, sentados con mi madre, en los sillones color café, que aún uso con frecuencia, sabía que tenía que decírselo de alguna forma. Permanecía ese nudo en la garganta, pero ya no había vuelta atrás. Antes de que yo dijera palabra alguna, mi madre reventó en llanto, creo que sabía lo que diría en aquella ocasión, ya que siempre he pensado que un padre y una madre saben todo sobre ti, solo que hay realidades que no aceptan o esperan que jamás se las confirmes.

Ese día había llegado. Se lo dije y lloramos los dos, yo de alivio y ella seguramente de dolor, dolor por este hijo maricón, dolor por este hijo que no le daría nietos, dolor por el daño que los demás le puedan causar a ese hijo en un determinado momento. Fue así cómo la infidelidad de mi padre pasó a segundo plano, gracias a la revelación de mi secreto.

Durante aquellos momentos, mi mascota permanecía a metros de mí, separado por una pared de ladrillos. Yo sentía su presencia, pues rasguñaba y empujaba la puerta porque sentía mi llanto. Alguien abrió la puerta y no tuvo obstáculo alguno para abalanzarse sobre mí. Se volvió loco, él sentía todo lo que me pasaba en aquel momento.

Mi fiel compañero de andanzas, el perro más noble que he tenido, al que le debo la vida. Mi segundo Rottweiler pesa 32 kilos y tiene 12 años. En una ocasión se enfermó. Una persona maldita le dio veneno y este le atacó el sistema nervioso central. No podía caminar; adelgazó hasta tal extremo que solo quedó el cuero pegado a los huesos; no comía raciones más grandes que una cucharada sopera y las regurgitaba, hasta el agua le hacía mal. Lo llevé muchas veces al veterinario, le hicieron lavados de estómago, le tomaron exámenes, pero nada parecía detener sus males. Cuando comenzó a caérsele el pelo, decidí ponerle un cartucho a la escopeta y quitarle la vida para, de esa forma, aliviar su dolor; no se podía hacer más, los doctores ya lo habían desahuciado. *Tyson* no tenía ganas de nada, no podía caminar ni alimentarse solo. Caminé hasta donde se encontraba, con el alma llena de pesadumbre, cuando sintió mis pasos tan oscuros como la angustia de mi pecho. Levantó su cabeza. Sacando sus últimas fuerzas, la giró hacia mí y movió su pequeña cola de una forma tan viva, porque aún estaba vivo, que no tuve más alternativa que regresarme por donde había venido con aquella arma. Recordé lo que él había hecho por mí al salvarme la vida y juré que no sería ese el día de su muerte.

Encontré un frasco de penicilina de 500 ml de cinco millones de unidades. Comencé a pincharlo una vez al día durante más de 15 días, hasta que la infección cedió. También le inyectaba agua oxigenada por unas perforaciones que tenía en sus patas por las que brotaba material descompuesto, hasta que las limpiaba completamente. Le hice tragar litros de vaselina líquida hasta que logré que le corriera el cuerpo. Le daba pequeñas cantidades de alimento bañado en aceite de comer y evitaba que tomase más que una jeringa de agua, pues cualquier exceso hacía que vomitase todo. A pesar de ser doloroso e invasivo todo lo que le practicaba, nunca me mordió o se opuso de forma alguna. Finalmente, recuperó el peso y el ánimo. Ahora tiene un hermoso pelaje y aún me da la bienvenida moviendo su cola de izquierda a derecha cuando llego en la camioneta. Por las mañanas debo tocarle, es un ritual sagrado de todos los días; de lo contrario, no se queda tranquilo hasta que siente mis manos en su cabeza o su lomo. Hoy camina lento y con dificultad, está sordo. Tiene microtumores que pasan desapercibidos a la vista, solo son sensibles al tocarlo, producto de su avanzada edad. Él es y siempre será mi *Tyson*. Si tengo más Rottweiler llevarán su nombre, es la forma que tengo de expresar mi gratitud infinita hacia él.

Amo los perros. Todos los que he tenido pasan a ser parte de mi vida. Solo para graficar les puedo decir que, si se enferma mi madre, la pienso; si son mis perros, no.

Volviendo al tema que inspira este capítulo, lo más difícil había pasado. Les había contado a mis padres y hermana. Mi madre se encargó de hacer lo propio con algunos por teléfono, en fin, la noticia del hijo maricón se había expandido como un virus. Pasaron los días y, por si fuera poco, aún faltaba conocer la crueldad, la miseria con la que conviven algunos humanos, esos que no les basta con ver el dolor ajeno, esos parásitos que disfrutan de alguna forma de las desdichas del otro, especies de sanguijuelas humanas que esperan el mejor momento para consumir la sangre del otro y obtener algún beneficio. Me refiero a quienes comenzaron a enviar mensajes a los teléfonos de mis padres, burlándose del hijo gay. «¿Qué se siente tener un hijo maricón?», decían algunos de los mensajes. Yo les digo, con toda seguridad, que la respuesta es orgullo, porque estoy seguro de que, si no fuese gay, no tendría la sensibilidad que tengo y no sería la persona que soy. Si a alguien le molesta, que siga su camino y no vuelva a poner sus sucias palabras en mi nombre.

Dentro de la reacción de mis padres y por lo mal que estaba en ese instante, me sacaron hora con la psicóloga y me obligaron a asistir a todas las sesiones. Fueron unos cuatro meses en total. En un comienzo, debo reconocer que no me gustaba la idea, pero con el pasar de los encuentros, me fui dando cuenta de que era muy útil y beneficioso para mí; usé todo aquello para potenciar mis carencias y debilidades. Tengo muchas cosas que agradecer a aquella joven profesional que me entregó diversas herramientas que me faltaban en aquel período, además de ayudarme a superar el estado depresivo y de ansiedad en el que me encontraba.

Poco a poco fui dándome cuenta de que confesar que era gay no era tan grave, no pasó ni el uno por ciento de las cosas que me imaginaba en mi cabeza. Lo más valioso es que me había deshecho de aquella mochila tan pesada que cargué por muchos años y que lentamente fue transformándose en una agonía que no me dejaba vivir y que, junto a otros problemas que, aunque duros, eran solucionables, me había llevado a mirar de frente a la muerte. Un punto de inflexión que muchos no superan. Yo, gracias a Dios, tuve la oportunidad de sobreponerme con la presencia de mi perrito *Tyson*. Creo que, mirando desde la perspectiva del tiempo que ha pasado, si pudiese cambiar algo de aquel entonces, pediría ayuda a quien fuese; pienso que el principal causante en todo esto es el aislamiento que nos imponemos. Entiendo que es una forma de protección que el ser humano genera en su desesperación, pero, sin duda, en vez de ayudar nos perjudica en estos casos.

La verdad es que no se necesita de mucho para salir de aquel estado, solo basta un pequeño empuje y no estar solo. Aunque nada en la vida es gratis, siempre las nuevas experiencias enseñan algo, nos roban un pedacito de nosotros, pero también dejan cosas preciosas en forma de lecciones. No todo es malo. Muchas veces llega gente nueva maravillosa a tu vida, las que hasta entonces ni siquiera imaginabas que existían.

Esa experiencia maravillosa que tuve de ser salvado de la muerte por un simple perro, único ser que fue capaz de percibir lo que los humanos no pudieron, me prepararía para otro momento en el que recibí una llamada de teléfono, cerca de las tres de la madrugada, en donde tenía al otro lado de la línea a un amigo con pensamientos suicidas, a punto de saltar de un puente a más de trescientos cincuenta kilómetros de distancia.

Esto ocurrió varios años después, cuando ya mi mente estaba lo suficientemente atenta y mi alma había aceptado su destino. En un segundo se erizaron todos y cada uno de mis pelos. Vi, en ese minúsculo lapso de tiempo, toda mi vida con lujo de detalles, el instante donde mucha gente que te quiere está sufriendo por tu partida, ese soplo de existencia que hace comprender el sentido de la vida, ese hálito de fuerza que permite agradecer, desde lo más profundo de tu ser, el privilegio de despertar a otro día más de vida. A pesar de haberme quedado aletargado por unos segundos al verme inevitablemente al otro lado de la línea, pude sentir esa angustia, pude tocar esa desesperación, sentí en carne propia aquellas sensaciones del pasado, que de nuevo venían a visitarme a través del desaliento de mi amigo, pero ya no tenía la mente perdida y podría tender mi mano, a pesar de la distancia.

Comencé a hablarle de aquellas emociones y sensaciones corporales que me invadían. Le hablé con calma y tranquilidad, logré sacarlo de aquel estado en el que se encontraba y cambiar su centro de atención, de alguna forma lo demás había quedado en segundo plano. Con el pasar de los minutos, me enteraría de que todo aquello estaba gatillado porque recientemente le habían diagnosticado VIH, noticia devastadora que le había provocado ese estado, tan parecido al mío, por el cual intentaba quitarse la vida.

Siempre he pensado que tarde o temprano la vida nos devuelve lo bueno o lo malo de alguna forma. En ese instante, la vida me había puesto en su camino para que le salvase, de igual forma como yo fui salvado.

Hoy lo analizo a fondo y concluyo que conocerlo fue tan solo para eso, pues esa amistad no duró más que el tiempo necesario para darle el soporte emocional que en aquel minuto esa persona necesitaba. Nunca nos conocimos en persona, no supe detalles íntimos de su vida, por muchos motivos perdimos el contacto. Un par de veces he husmeado sus redes sociales. Está muy bien, tiene pareja y trabajo. Es feliz. Qué más puedo pedir, no necesito que me dé las gracias. Me alegro porque valoro esta bendita y maravillosa vida que todos tenemos, que debemos cuidar y vivir con dignidad.

Siempre creemos que somos los únicos individuos a los que la vida nos pone trabas, a los que la vida nos golpea de una forma u otra, a los que la vida nos pone una realidad complicada, pero la verdad es que nuestras complicaciones no son nada comparadas con las realidades del otro, de ese otro que jamás ha pensado en quitarse la vida, que lo ha pensado, lo piensa o ha sido capaz de cruzar el eslabón que nos separa del ser y no ser.

CAPÍTULO 7: Ojos Verdes

Fue una de esas veces en las que te topas con esa persona que te hace sentir la piel como de gallina, se te erizan los pelos de todo el cuerpo, las feromonas se adueñan de tu pobre humanidad y te atontas con la belleza y todo lo que irradia aquel otro ser. Fue una historia diametralmente diferente a lo sucedido con el cajero, aunque, para ustedes, mis queridos lectores, puede que no haya diferencia alguna.

Nos conocimos un día martes por la mañana. Aquel día me había quedado enredado en las sábanas y al despertar me encontré con sus primeros mensajes. Estuvimos toda esa mañana hablando. No había una fotografía en su perfil, solo un vago nombre y un número que presumiblemente era una referencia a su edad, que en aquel entonces decía 27 años. Charlamos de todo lo que se nos vino en gana; preguntas iban y preguntas venían. Me envió una fotografía en blanco y negro que aparentaba ser añeja, pues más bien reflejaba a un muchacho de unos veintiún años, con barba descuidada y una sonrisa de esas que te dejan el destello grabado a fuego en la retina. Le reclamé por la antigüedad de la foto, preguntado nuevamente su edad debido a que aquella fotografía no concordaba con la imagen que ya me había formado de él a esas alturas.

Durante varios días se repitieron las conversaciones hasta que uno de los dos preguntó por el número de teléfono y, luego de guardar el de ambos, terminamos hablando por WhatsApp. Las pláticas se volvieron habituales con el pasar de los días, hasta que mi madre me envió a dejarle una caja con huevos a mi abuela y pensé: «Esta es la excusa perfecta para viajar y conocerlo». Lo llamé y le pareció una excelente idea. Habíamos quedado para más tarde.

Me duché, arreglé mi barba, el cabello, me rocié el mejor perfume y me envolví en las mejores ropas que tenía. En realidad, lo de la ropa es una exageración, aunque salí de casa lo más jovial posible, así me evitaría responder a las preguntas de mi santa madre: «¿A dónde vas?, ¿a qué hora llegas?». Lo habitual. Me deshice de aquella caja con huevos lo más rápido que pude y puse el pie en el acelerador para llegar pronto a mi destino. Por segunda vez en la vida me encontraría con alguien nuevamente en Coihueco. Lo llamé cuando me encontré en el lugar acordado y me esperó a unas cuadras de su casa para mantener resguardada su privacidad.

Después de habernos saludado, le pregunté qué haríamos y respondió que fuéramos al tranque. Acepté, pensando que lo único que quería era vivir una aventura de aquellas algo pecaminosas. No había nada más que se pudiera hacer en el tranque de Coihueco a esa hora de la noche, cuando ya hacía bastante frío como para andar caminando. Nada más que usar el auto de motel, puesto que no era el atardecer lo que interesaba en esas circunstancias. Íntimamente deseaba que sucediera algo más.

Como ya lo he mencionado, siempre he sido bastante incrédulo a todo lo referente a los amores a primera vista, siempre he creído que las relaciones se construyen con el pasar del tiempo. Sin embargo, este encuentro me había causado un «no sé qué», una reacción muy difícil de describir en estas líneas. Lo que sentí al verlo era como si de la nada sintiera algo especial, sin conocerle más que el nombre y cuatro datos furtivos.

Conversamos durante un tiempo sentados en los asientos delanteros, el tiempo suficiente como para que se empañasen los vidrios de la camioneta por completo. Las cosas se fueron dando a favor de Eros y terminamos acariciándonos y besándonos cuales amantes secretos. El placer de buscar y encontrar se traducía en el juego de la pasión.

De vez en cuando pasaba algún que otro auto, que se retiraba después de que sus ocupantes buscaban lo mismo que nosotros. Esto le aportaba una dosis extra de encanto, porque el hecho de que te sorprendan le aportaba un atractivo extra a eso que ya es prohibido, contrario al pudor establecido. Sin embargo, ese primer encuentro, lleno de deseo y fantasía, no terminó en sexo.

Continuamos las conversaciones por algunas semanas, tanto por WhatsApp como por teléfono. Acostumbrábamos a enviarnos notas de audio, todo tipo de mensajes; con cada momento que pasaba nos conocíamos un poco más. Fueron muchas las veces que quedamos para tener intimidad y hacer cositas ricas, como decía él, en esos días en que la naturaleza te desordena hasta la conciencia.

En cierta ocasión, nos estacionamos en una especie de sitio abandonado hacia el sector poniente del tranque, creo que enfrente teníamos una forestal. Lo que tengo claro es que se requería de un vehículo de perfil alto y en lo posible con tracción total, puesto que quedamos inmóviles al intentar salir en reversa. No quería imaginarme esa situación de tener que llamar a la grúa a altas horas de la noche, luego de haber usado tu auto como sitio de citas al aire libre.

Nuestros encuentros eran los instantes en donde florecían la pasión y el frenesí en aquel jardín que había florecido para nosotros y en el cual siempre era primavera.

Debido a la reacción que había tenido la primera vez al verlo y por la propia creencia que tengo sobre los amores a primera vista, me había autoimpuesto una especie de *firmware* en el cerebro, que supuestamente debía protegerme de las bobadas y todas aquellas cosas que de alguna forma me hicieran cruzar esa delgada línea que hay hasta el amor.

Cosa que no sucedió. El *firewall*, el bloqueo de puertos UDP no había tenido resultado alguno, pues terminé queriendo a Ojos Verdes como a todos los demás. Sería la última vez. Después de este episodio, debo reconocer que me volví más perra y no me permitiría pasar por aquello tan fácilmente como las veces anteriores. No obstante, también he caído en el juego de usar a más de uno y luego de eso lo he desechado. En esas ocasiones es cuando mejor lo he pasado, pero no puedo evitar sentir un poco de culpa, ya que mi filosofía de vida es no hacer a los demás lo que no quiero que me hagan a mí; algo de eso debe ser o porque solamente disfrutar los complementos del amor, sin vivir la intensidad del sentimiento, lo siento como una forma de impureza.

Se preguntarán cuál es el problema en toda esta historia. Simplemente que los seres humanos somos seres de costumbres, nos adaptamos a nuestro entorno y, una vez que esto sucede y nos sentimos cómodos, queremos permanecer allí. ¿Entonces, cuál fue el problema? Pues el exceso de mensajes bonitos, levantarse con él, tenerlo en el menú durante todo el día, dormir con él. Creo que, si la cosa hubiera sido solo gozar, pasarlo bien y nada de cosas lindas, todo habría sido diferente. Esto no pasa. Es difícil, pues con el Cajero fue esa la tónica y miren lo que sucedió. En esta historia lo único diferente es que yo tomé el rol del Cajero, se invirtieron los papeles.

En el tiempo en que Ojos Verdes formó parte de mi vida, se transformó lentamente en costumbre vacía recibir mensajes de cariño, corazoncitos y todas esas huevadas que sueles usar para demostrar afecto, cariño, a alguien usando un teclado qwerty.

Una vez, estando con muchas tareas propias de las actividades que suelo desarrollar, creo que, en plena cosecha, le dediqué toda una tarde. Esa vez conocí a sus padres, mucho mayores que los míos, que consentían a aquel hijo único, y que, por desgracia, para mi disgusto eran un poco preguntones, más el padre que la madre. Con el tino de los mayores, el jefe de hogar sutilmente me encuestó, como suele hacerlo mi abuela paterna cuando tiene alguien nuevo enfrente.

Aquella tarde, el trabajo a realizar era instalar un cable de red RJ45 de unos treinta y ocho metros de extensión desde la casa de los padres para, de esta forma, poner un *access point* y darle conectividad a la casa en donde se había mudado recientemente, todo dentro de la misma propiedad. Siempre pensé en adaptadores PowerLine, pero, al parecer, no compartían la misma conexión a la red eléctrica o existía algún transformador entre aquellas dos viviendas y nunca funcionó eso. Nos tocó hacer el trabajo forzado de taladrar paredes y tender el cable por los aleros de la parte norte de la casa para continuar el tendido aéreo por el costado de la piscina, por el gallinero. De esta forma, se llegaría al estacionamiento donde estaba su auto y, finalmente, hasta su salita, enfrente de su dormitorio, en donde en más de una oportunidad vimos una película o dejamos florecer nuestros instintos.

Esa tarde fue asistente, sostenía cosas, me pasaba las herramientas, todo aquello sin antes jamás, pero jamás, haber sujetado un martillo en su vida. Era el típico muchacho de cara bonita, los ojitos verdes, de aroma exquisito, de esos que se venden y te cautivan con una bella sonrisa. Mucho más que una cara bonita no se encontraba en él, porque era un completo inútil para todo lo que resultase en trabajos manuales que requieran de ciertos conocimientos técnicos y algún tipo de destreza mínima, del tipo motriz más allá de la necesaria para pegar una estampilla. Para compañero de cama, resultaba perfecto.

Llegó el momento en que reconocí que lo miraba con otros ojos, pues las protecciones al *hardware* que había instalado de forma preventiva y, en vista de las experiencias anteriores, no habían rendido frutos. Me había dejado embelesar por todo aquello. Toqué el tema de mis sentimientos por él y dijo que tenía un resquemor muy grande en cuanto al amor debido a las experiencias propias de su vida y de las cuales pude conocer solo un poco. Es respetable, no se puede obligar a alguien a que te quiera. Una vez más comenzó aquel proceso inverso de las veces anteriores, pero esta vez sería mucho más rápido y menos trascendental. Simplemente me alejé, dejé de hablarle.

Luego de un mes volvimos a retomar el contacto y quedamos en juntarnos para despedirnos como Dios manda, pues. Es así que un día en que quedé solo en casa, porque mi madre al día siguiente tenía un control médico muy temprano y, para no madrugar, se fueron a quedar en casa de mi hermana, así es que teníamos la casa para nosotros.

Como tenía problemas de lejanía respecto de mi casa, lo esperé en Pinto y desde allí lo escolté hasta mi cama. Había ordenado mi habitación, que siempre suele estar como sala de operaciones, pero aun así la repasé. Había encendido la estufa, lustrado el sillón Bergere, rociado desodorante ambiental y cargado una ambientación especial en la centralita de las luces Hue para darle un toque especial a esa ocasión. En el fondo, muy muy en el fondo, esperaba que brotase de sus labios la frase «te he echado de menos», o algo que en lo más mínimo llegase para equiparar ese atiborrado de cosas que sentía por él. Pero no. Eso no sucedió.

—¿Y por qué viniste? —le pregunté.

—Tenía ganitas. Yo siempre voy a tener ganitas —respondió con su aire de niño malo.

Ahí estaba la respuesta que tanto quería. Fue un encuentro vehemente, impetuoso, casi con rabia de mi parte, porque no había logrado despertar en ese hermoso hombre la ternura del amor, solo deseo.

Nos despedimos, bajamos hasta el auto, nos dimos un abrazo protocolar. Regresé a mi habitación, observé ese revoltijo de lienzos, parecía que una horda Dothraki hubiese pasado por encima de la cama. Retiré aquellas sábanas y las reemplacé por unas nuevas; la hice de nuevo volviéndola a dejar como el tálamo de un hotel cinco estrellas. Mientras, en el corazón todavía bullían un sinfín de sensaciones, recuerdos y promesas. Puse una película en Netflix, pero no sin antes hacerme el juramento de que nunca más volvería a meter a alguien en mi cama, si no es el compañero que venga a complementar mi existencia en todo sentido, y he cumplido a cabalidad hasta este minuto. Para rematar este capítulo, solo diré que lo comido y lo bailado no me lo quita nadie. De resquemor nada, porque seguramente en alguna parte, ni siquiera lejana, estará la persona que pueda resarcir la soledad del que espera.

Me dejé llevar por una cara bonita, pero esa cara bonita con ese estilo de vida en donde el sexo es parte central del menú, esa vida en donde todo lo que se publica en Instagram es felicidad, viajes, sol, playa, arena y amigos, no contribuyen en absolutamente nada, eso es solo un granito de arena en esa enorme playa que tenemos frente a nosotros en donde, a pesar de ese mundo tan magnífico pero fatuo, te sientes solo. Me queda la experiencia de estar atento, no mostrar los sentimientos a cualquiera para que, cuando el amor toque la puerta, sepa distinguir el correcto y entender que la felicidad se encuentra en las cosas más simples. No es necesario gastarse dos mil quinientos dólares y volar durante ocho horas sentado al interior de un avión para luego grabar un video y colgar una foto para demostrarlo; una foto que, por lo general, no refleja esas microtormentas y tempestades que podemos llevar por dentro en un momento dado.

Por último, muchacho, no olvides compartir y darle me gusta.

CAPÍTULO 8: Homofobia y Discriminación

La homofobia es ese pánico obsesivo en contra de los gais, en contra de lo desconocido, el miedo a toda la diversidad sexual; solo basta con no ser heterosexual para sufrirla. Solo necesitarás ser un hombre un poco femenino o delicado para padecerla indirectamente. Si eres mujer y tienes una voz ronca y manejas un camión o trabajas en un rubro que es dominado por los hombres, también serás blanco de alguna crítica y te apuntarán con el dedo. No podríamos llamarle homofobia, pero estas situaciones se sustentan básicamente en lo mismo: el prejuicio a todo aquello que se escape a lo normal.

La homofobia por sí sola no suele ser tan peligrosa, pero cuando se apoya en el fanatismo religioso se torna volátil y potencialmente explosiva, quienes la sufren se escudan por lo general en versículos como los de Sodoma y Gomorra. No suelo ser un fanático de la Biblia, ni mucho menos vivo bajo todos y cada uno de sus preceptos, pero estoy seguro de ser mejor cristiano y de tener más comunión con Dios que aquel que va todos los domingos a la iglesia a comer santos y llega a casa cagando diablos.

Los homofóbicos individuales son manejables. Personalmente, solo me ha tocado vivir y experimentar con este tipo de individuos de forma aislada y esporádica, pero creo que sería muy distinto si fuese un grupo de fanáticos religiosos o un grupo de ultraderechistas neonazis. El resultado podría ser el de Daniel Zamudio, aquel chico que en marzo del 2012 se convirtió en símbolo de la lucha en contra de la violencia homofóbica en Chile, luego de ser atacado y torturado por un grupo de jóvenes que lo golpearon durante varias horas causándole heridas que, finalmente, acabaron con su vida semanas después.

En este capítulo hablaré de aquella vez que estuve toda la mañana en el interior de una tienda del *retail*, en mi querido Chillán. Recuerdo haberme probado unos pantalones de esos que me cuesta pillar, porque, debido a la incansable búsqueda por bajar los costos, el fabricante termina cada vez usando menos tela en la fabricación. No culpemos al fabricante, reconozco que me gusta la buena vida y la buena mesa, lo que contribuye fácilmente a un centímetro más de cintura al año.

Me encontraba esperando mi turno para realizar el pago de las prendas que ya me había probado. Delante de mí estaba una niña de unos dieciséis años pagando unas zapatillas y dos camisetas; detrás de mí una señora mayor, la inconfundible señora jubilada que se va una mañana al centro comercial a ver qué hay de nuevo, recién salida de la peluquería, de esas que duermen sentadas para que el peinado les dure varios días y haya valido la pena las 4 horas que se tragaron en centro de belleza copucheando. La señora cuica, que se baja del Mercedes que compró a setenta y ocho cuotas; la que paga con tarjeta, en tres cuotas, un par de calcetines de dos dólares. La característica anciana rancia, lengua larga, torpe, sin tacto, que te dispara la primera huevada que se le viene a la mente. Algo de eso tengo yo también, aunque con el pasar de los años he aprendido a filtrar un poco más.

Estando en la fila, me entró una llamada en el *smartphone* de pantalla gigante. Al escuchar el tono especial que aquel contacto tenía, ya sabía quién era antes de sacar el teléfono del bolsillo del pantalón. Era mi novio de aquel momento. Al sacar el teléfono del bolsillo, en la pantalla había de fondo una hermosa fotografía de Esteban, junto al nombre «Amorcito». La señora se dio cuenta de aquello, además del saludo y mi forma de contestar la llamada; no se trataba de cualquier persona, era mi Esteban. La llamada solo duró unos segundos, pues mi galán quería saber en qué tienda me encontraba. Luego de cortar la llamada, sucedió que la señora tomó distancia como si se tratase de alguien con algún tipo de virus nuevo, de esos que se expanden usando como medio de contacto el aire que todos respiramos. Luego, comenzó a cuchichear con la persona que estaba detrás lo suficientemente fuerte como para darme cuenta y escuchar lo que le decía. «Pero en qué mundo vive y tan hombrecito que se ve. Ya no respetan. No tienen Dios ni ley». Ya me encontraba con la persona de la caja, que también era gay, e hizo una seña con sus cejas, rechazando los comentarios de esta señora. Miré al dependiente y le respondí con las manos (gesto T). Luego, me doy vueltas y le digo a la dama:

—Buenas tardes, señora. Vivo en el mismo mundo que usted y soy bien hombrecito para mis cosas. Fíjese, mucho más que cualquiera de sus amigos, hijos o familia.

—Pero te gusta la que cuelga —me respondió la vieja desatinada, de tetas operadas, como queriéndome decir que me gustaba el pene.

—Igual que a usted nomás, señora —le respondí—. Pero permítame que le aclare algo. No me gusta el pene, me gustan los hombres, algo bastante más amplio y que dudo sea algo que usted comprenda en esa mente retorcida que tiene.

Con esa respuesta, toda la atención de la gente estaba sobre nosotros. La veterana defendía enérgicamente su postura, argumentando cosas como la religión, la Biblia y que me iría al infierno.

—Señora, el infierno no existe como tal. El infierno está aquí, lo hacen personas como usted que carecen de conciencia, que no se ponen en el lugar del otro; personas con falta de empatía y conocimiento; personas que, con un simple comentario como el suyo, causan un daño enorme. Imagínese si tuviera un hijo o nieto como yo... ¿Se ha puesto a pensar qué daño le causaría con sus comentarios? No espere a que una realidad toque a su puerta para reaccionar. Frente a los ojos de Dios, lo único que importa es gentileza y amor, señora. Recuérdelo. —Lo dije con tranquilidad, firmeza y desde el fondo del alma.

Nadie más dio su opinión o participó, ni de su lado ni del mío, todos fueron meros espectadores. Pero estoy seguro de que, tanto para los que estaban en contra o a favor, posteriormente, fue motivo de reflexión. Personalmente, creo que la homofobia y la discriminación es algo que existe porque lo permitimos y porque de una forma u otra está normalizada. Y digo esto porque conozco gente que, siendo gay, son grandes discriminadores y homofóbicos. ¿Alguien puede entender eso? Se burlan por el pelo, por caminar delicadamente, por la vestimenta, en fin, por cada etiqueta que un individuo pueda tener o no; ¿a quién diablos le importan las etiquetas? Sin embargo, vivimos en un mundo en donde todo son formalidades y clasificaciones desde el momento de nacer.

Es así como a las niñas se les viste de rosado y a los niños de azul o blanco. A las niñas solemos regalarles muñecas y a los niños autos. Los niños aprenden conductas masculinas y las niñas femeninas. Eso ya es una condicionante que se transforma en una de las causantes de ese machismo intangible que todos llevamos dentro, que florece en la cotidianidad del día a día y que emerge ante cualquier situación conflictiva, cuando la única diferencia entre un hombre y una mujer es solo una simple hormona.

Estoy seguro de que la acción de enfrentar a la señora, ante la hostilidad de su comentario, marcó una diferencia, en términos de que sirvió para instalar el tema en alguna conversación familiar. Más de alguien se dio cuenta de que no necesitas la Biblia o Dios, solo basta un poco de sentido común y amor por el prójimo para comprender que es una realidad más que transcurre de forma paralela a la nuestra, que está allí, lo seguirá estando hasta el fin de los tiempos y que todos y cada uno de los seres de este planeta podemos vivir en paz y armonía a pesar de nuestras diferencias.

Otro aspecto destacable es que no es lo mismo ser gay en una zona urbana, como la capital o grandes ciudades, que en un sector rural de un pueblo pequeño. La gente en una ciudad grande convive con millones de habitantes que tienen millones de formas de vestir, que tienen millones de formas de relacionarse, que tienen millones de formas de vivir y comunicarse; son individuos con mentes más abiertas y tolerantes, con mucho más acceso a la información. En cambio, en la ruralidad es mucho menor la densidad poblacional. Los individuos tienen ciertos rasgos característicos que muchas veces comparten y cualidades más homogéneas; no existe ese abanico tan amplio de posibilidades, por ende, la homofobia es distinta en su esencia y forma.

Por ejemplo, ese vecino que me vio nacer y crecer durante toda mi vida, ese que sabe que soy como cualquier otra persona, ese que conoce a mis padres, ese que es amigo, ese que cuando necesita de mi ayuda o de algún favor lo obtiene con total facilidad. Ese mismo individuo que cuando me tiene enfrente me llama Carlos, pero que, al alejarme unos pasos, me llama Carlita. Ese mismo que cada vez que puede denigra y se burla de las personas que tienen o padecen de una condición diferente. Ese que tiene la mente llena de prejuicios, que jamás lee algo de calidad. Ese que tiene tanto rencor en su interior, cegado por la ignorancia y el temor a lo desconocido, que jamás se atreverá a decir algo enfrente de mí.

Es con este individuo con el que, sobre todas las cosas, trato de ser la mejor persona posible; le estimo y respeto por ser mi vecino, también mi familia. Creo que es la única forma más sensata y humana que tengo de dejar una huella, provocar algún cambio que le eleve a ese peldaño superior que nos hace ser mejores personas, empoderarnos de nuestras vidas, ser seres plenos y no provocar daño alguno, porque, después de todo, odiar a otro no es otra cosa más que odiarte a ti mismo. Lo más probable es que, con el pasar del tiempo, con estas prácticas de vida nazcan la aceptación y el amor. Puede que yo no lo vea en mi realidad, pero sin duda servirá para todos quienes vendrán después de mí, porque personas con identidad sexual distinta seguirán existiendo.

La homofobia y la discriminación pueden surgir desde cualquier lado o bajo cualquier circunstancia. Recuerdo una vez que estábamos con un amigo en el restaurante Di Lui, ubicado hacia el norte del hospital, por avenida Argentina, en Chillán, bebiendo unas cervezas en la mesita de la esquina sur del local, la que da inmediatamente a la vereda. Ese local tiene unos ventanales de madera gigantes divididos por cuadros más pequeños que sostienen las piezas de vidrio que la conforman, creo que la mitad inferior se levanta permitiendo abrir el espacio hacia la calle. Tiene sus desventajas sentarse en ese tipo de mesas, porque te expones a que te pidan monedas, te hablen y en el fondo no te dejen comer. En más de una ocasión he tenido que frustrar esos intentos respondiendo de mala manera.

Estábamos sentados con Pájaro Duro, compartiendo. Hablábamos de lo sucedido en la semana. Miraba las fotos de su celular, me presentaba su familia, pues esa ocasión era la segunda o tercera oportunidad en que nos juntábamos a tomar algo. Era temprano, tipo dieciséis horas, una tarde de noviembre, corría una suave brisa. No había indicio alguno que delatase algo más que no fuesen dos amigos compartiendo una cerveza, algo normal, que no escapa a lo cotidiano. Algo que dos conocidos hacen. No había muestras de cariño efusivas ni gestos que delatasen algo más. Ya nos habían preguntado por la hora y nos habían pedido dinero, pero faltaba algo más. De pronto, ambos observamos a un hombre delgado que caminaba en dirección sur, vestía una camiseta con *jeans*. Nos miró fijamente durante un par de segundos y luego exclamó de la nada: «Son pololos». Se burló haciendo un gesto con sus manos y continuó su camino. La verdad es que ni yo ni mi acompañante tuvimos tiempo de reaccionar, más que reírnos de la situación que, lejos de incomodarnos, nos causó risa. Existe esa homofobia invisible, inocua, que la tienen a flor de piel algunas personas, y cada vez que pueden la hacen brotar por los poros, más bien como una reacción a sus propias pobrezas y al resultado del entorno en el que fueron criados. Es algo como ese machismo invisible que la mayoría lleva dentro y que es la consecuencia directa de la forma en que se nos educa.

Todo está determinado por la naturaleza, quien, en primer lugar, nos asigna un sexo masculino o femenino que es una característica biológica. También tenemos cuestiones propias al género que pueden ser cambiadas o manipuladas, según la educación recibida y de la constitución social y cultural de una población determinada, en donde podemos encontrar una variedad muy amplia de comportamientos que cada grupo humano asigna como propios y naturales de hombres o de mujeres, lo que sería una significación cultural que hace referencia más bien a un conjunto de roles. Un ejemplo de esto es pensar que las mujeres son habladoras, femeninas, cariñosas y organizadas, y que los hombres son activos, masculinos, fuertes y emprendedores. Bajo esta misma lógica, parece ser que ver a dos hombres juntos es razón más que suficiente para gatillar la homofobia de la que les hablo. En todo caso, hasta aquí solo les he hablado de cosas blandas. Nada de qué sorprenderse.

En noviembre del 2017 salté a la «fama» a raíz de un video que publiqué en vivo en una de mis redes sociales, en donde básicamente hablé de las autoridades comunales y puse en evidencia el estado deplorable de los caminos rurales de mi sector. Reconozco que fui deslenguado, directo y frontal. Dije que el alcalde era un inútil, entre otras cosas. En un principio, el video solo estaba disponible para mis amigos, pero alguien lo grabó mientras se reproducía y lo publicó en un grupo de la comuna, teniendo muchas reproducciones, creo que más de dos mil. En vista de que los comentarios eran positivos, decidí poner el original como público, alcanzando también miles de reproducciones. En paralelo, recibía cientos de comentarios, solicitudes de amistad, gente que me hablaba para felicitarme, tanto de la propia municipalidad como dirigentes de otros sectores o simplemente gente común y corriente que padecían los mismos problemas. En vista de la aceptación, publiqué un segundo video en donde básicamente profundicé los temas del primero, pero adicionalmente me concentré en los males endémicos de la administración municipal, concretamente los relacionados al alcalde anterior. Hice alusión a los problemas que dejó en la municipalidad por su falta de ética, prolijidad y faltas graves en la gestión de los diferentes recursos a su cargo mientras duró su periodo. Mis dardos apuntaron siempre en contra del actuar de la autoridad y no de la persona, padre de familia, tío, primo o vecino, pues lo único criticable de su persona era ese componente público. La vida privada le pertenece al ámbito íntimo y escapa al escrutinio de un ciudadano como yo.

Ese segundo video sacó ronchas a más de alguno, entre ellos a su madre, una cantautora lírica popular de la década de los 90, profesora y comunicadora, que, en algún momento, abandonó a ese hijo por el que hasta el día de hoy llora, producto de las heridas y cicatrices que tiene en su alma, seguramente por la culpa. Debo aclarar que no tengo el gusto de conocerla, solo conozco de ella los insultos y las agresiones que recibí de su parte y la información vaga que hay sobre su persona en internet. La verdad, no necesito mucho más para concluir que es una persona herida, quien por ser la madre de un exalcalde, cantante popular y con registro de soprano, puede y no duda en usar la lengua para propinar una batería de insultos, agredir y disparar como una metralleta en contra de todo aquel que no comparta su pensamiento. Seguramente, debe ser un verdadero encanto de mujer, alguien que se rodea de gente muy interesante, que participa activamente de la sociedad y la cultura; una gran profesional, sin duda. Toda una dama que, para hacer valer su punto de vista hacia mi persona, utilizó recursos tan básicos como los insultos, entre los que podemos destacar: la gordura mórbida, platachero asqueroso, piojento, de bajo nivel social, cobarde, resentido social, peligroso para la sociedad aludiendo a mi condición sexual; que sabe sobre mi amargura. Amenaza con averiguar quién soy y quiénes son mis padres para darles el pésame. Me trata de degenerado y cuanto apelativo se puedan imaginar. Una persona que, en medio de aquella batería de insultos y descalificaciones, se jacta de ser educadora. ¿De qué estamos hablando?

Me habría gustado que una pequeña cantidad de su cultura la hubiese usado a la hora de abordarme en los mensajes directos que me envió o al momento de publicar en muros ajenos mensajes hacia mí. Me habría gustado que hubiese estado a la altura de aquel hijo que con tanto fervor defendió, usando argumentos más inteligentes y con algún sustento que evidenciara lo incorrecto de mis comentarios, por último, en algo tan básico como el sentido común, y no basados en el aspecto físico, orientación sexual, nivel socioeconómico, género, raza, religión o cualquier otro aspecto ya sea del ámbito público o privado de un individuo en particular. Con todo eso, la única que quedó como insensata fue ella frente a muchas personas. Si en algún momento veo que mi madre usa este tipo de argumentos para defenderme o enaltecerme como hijo a costa de discriminar y denigrar gratuitamente a otro como lo hizo esta dama, lejos de alegrarme y enorgullecerme, con toda seguridad me avergonzaría y no le seguiría el juego, como lo hizo su familia.

Agravan la situación los comentarios a favor de la señora por parte de personas que no tienen ética ni moral alguna, conociendo los comportamientos que han tenido.

Comprendo de alguna forma la molestia, el resquemor que causaron mis palabras, y con esto no quiero decir que avale el actuar o comparta en lo más mínimo el accionar de esta dama, porque estoy en contra de todo tipo de discriminación, sea cual sea el origen, razón o motivo.

En su momento evalué la posibilidad de presentar cargos, amparado en la ley 20 609, más conocida como ley Zamudio, pero la verdad es que la aplicación de una multa no modificará el estilo de vida de alguien, o la forma de ser; no hay pena aplicable que dé como resultado un poco de sentido común, consciencia y respeto.

No la odio ni le guardo rencor. Si la vida en algún momento me la pone enfrente y logra reconocerme, espero, de todo corazón, que sea otra su forma de dirigirse hacia mí.

CAPÍTULO 9: Reflexiones

Las experiencias que conforman la vida son para bien o para mal; las que te terminan forjando, como el fuego forja al ave fénix una y otra vez hasta que llega el momento de su extinción, nuestra existencia. Sin duda, habrá lecciones enriquecedoras; otras, no tanto; otras, espinosas y dolorosas; algunas que nos dejan algo; otras que nos roban algo; otras nos hacen recordar pasajes de la vida que creías haber olvidado. En fin, soy de los que creen que todo lo que nos sucede está conectado: pasado, presente y futuro, todo esto se resume en lo que llamamos existencia.

En este capítulo intentaré graficar pensamientos, enseñanzas, reflexiones, comentarios, una opinión o simplemente un punto de vista en relación con algunos de los capítulos que conforman este libro.

El conocimiento de nosotros mismos es una tarea que termina el día de la muerte. Durante el camino debemos ir resolviendo enigmas, tomar decisiones, cuestionar realidades, elegir un camino u otro con todo lo que ello implica, teniendo presente que cada opción nos ofrece y nos quita algo.

Para mí, el primer eslabón que me trajo las más variadas dificultades y emociones fue ese primer amor. Soy de los que creen y piensan que en la vida tendrás tres amores; ya conocí al primero y al segundo, me falta el más importante.

El primer amor, ese que me tocó conocer en la adolescencia, ese amor que llega cuando estás floreciendo a la vida, cuando eres curioso, inexperto y casi un niño. Ese que me enseñó a querer a otro ser, despertando a mi propio interior. Es ese amor mágico, que en algún minuto me llenó de ilusiones; ese amor que parecía un guion de película, a pesar de que en ese momento me importaba más cómo me veían los demás y no cómo me sentía realmente. Se podría decir en pocas palabras que es el amor que se ve y se siente bien, pero que no tuvo asidero alguno porque solo sucedió en mi ser. Aun así, le agradezco infinitamente a la vida por aquella ilusión que me enseñó lo que era amar y me permitió definir mi orientación sexual.

El segundo es ese amor difícil, ese que conocí con Esteban. Ese amor que te enseña el dolor y la felicidad en todas sus formas y presentaciones. Ese amor al que te aferras, aunque por diversos motivos sabes que no es para ti. Ese amor que hubieras deseado que fuera para siempre, pero no fue así. Ese amor me ayudó a madurar y me dejó lecciones sobre quien soy, cómo me gustaría ser amado y cómo amar. Es el tipo de amor que duele, ya que en algún punto se enfrentó a mentiras o dolor. Es ese amor al que le dije adiós en algún momento sabiendo que en el lugar más inocente de mi corazón el sueño del amor eterno se desvanecía. No miré atrás como seguramente lo hizo él. No me arrepiento del adiós, aunque sí de la forma. Era estrictamente necesario. Era lo más sensato que en aquel minuto podía hacer por mí mismo y por él. De alguna forma, siento que ese amor quedó tatuado en mi piel, como aquel que sentí siendo un muchacho. Sé que hoy ese sentimiento no vive en mí y quizás despierte para alguien una vez más en el futuro, porque el amor se renueva y somos seres hechos para amar.

Como en el caso de Esteban, lamentablemente tendemos a pensar que lo podrido desaparece si no lo vemos, lo tiramos a la basura y se acabó. Pero, en realidad, todos sabemos que ese material descompuesto se traslada hacia otro lugar, continúa formando parte del planeta y sigue estando allí. Entonces, todo se resume en que, si queremos el mundo en el que vivimos, debemos quererlo con sus maravillas y sus hedores. Cuando nos enamoramos de alguien y solo nos fijamos en sus virtudes, el amor no es de verdad. El verdadero amor es capaz de reconocer la imperfección, es capaz de aceptar a la persona con todos sus defectos y sus virtudes. El problema es que nos da miedo llegar a enamorarnos. Para hacerlo, buscamos a una persona que tenga unas características muy concretas, casi a la carta: que piense como yo, que le gusten las mismas cosas que a mí, que posea el mismo sentido del humor... No queremos asumir riesgos e idealizamos el amor, y ponemos en el otro todo lo que queremos ver y cometemos el error de enamorarnos de esa imagen perfecta que nos hacemos de la persona y no de ella en sí.

Con Esteban pasó algo parecido: nunca encajó con la imagen que me había hecho de él y de la cual me enamoré. Amar de verdad es una de las apuestas más arriesgadas, porque el amor de verdad no idealiza al otro, se trata de querer también la imperfección, el amor espontáneo, el amor en toda su plenitud; si hubiese sido así, también habría amado lo imperfecto de Esteban.

El tercero será ese amor que no esperaré que ocurra, pero dejaré que pase sin crear falsas ilusiones y expectativas. Ese amor que me permitirá crecer en la capacidad de hacer feliz al otro. Dejaré que me sorprendan. Será ese amor el que cure las heridas y mis cicatrices del alma si es que aún me queda alguna. Será ese el tipo de amor en donde todo parece hecho como un traje a la medida; no tendré la presión de fingir porque sabré que me aman tal y como soy. Ese es el verdadero amor y espero de todo corazón poder escribir en algún momento sobre eso, cuando la vida me premie con él, porque hasta el minuto de escribir estas letras aún no ha llegado.

Luego de infinidades búsquedas, me encuentro en un momento distinto. Ya no me arrebata el sueño la aventura y goce pasajero. En este tiempo que llevo solo, me he preguntado varias veces: ¿Es necesario tener un novio, una pareja, un compañero, o como le queramos llamar, a nuestro lado? Tal vez plantearse la pregunta sea un síntoma de no querer estar solo en el futuro. A lo único que le temo es a la soledad en la adultez. A esa soledad que, cuando aparece, le digo: «Si me das la espalda, te tocaré el culo», como una forma de pedirle que, si ha de llegar, sea sin angustias o amarguras; el vago sobresalto de ver que todos tus amigos, primos, tengan pareja, estén casados, hayan formado sus propias familias y tú no la tengas. Seguramente necesito que alguien me quiera y que me lo diga cada día, a cada instante. ¿Pero de qué estoy hablando? Tengo a mis sobrinos, padres, primos, amigos y a cuantos me conocen, mucha gente que me quiere bien.

Estar soltero tiene sus ventajas: hago lo que se me viene en gana; el dinero que gano lo invierto en lo que quiero; nadie me cela; no debo enfrentar discusiones absurdas; menos problemas; sin dolor ni melancolía; sin atados ni pelambres; salgo con quien quiero y cuando quiero, sin dar explicaciones innecesarias. Pero si todo lo anterior puede darse en la compañía del ser que te permita ser y hacer feliz, sin duda, la vida te premia. Lo importante es darse cuenta y cuidar el tesoro del verdadero amor cuando llega a nuestras vidas.

El compromiso de amar a alguien implica estar dispuesto a renunciar a la comodidad de estar solo y pasar a vivir una libertad de dos. Todo radica en aceptar el riesgo de amar a alguien y aceptar lo bueno que deriva de esa decisión. Ya no ver el horizonte desde nuestra propia alma, sino que también esforzarnos por verlo a través del alma del ser amado. Tengo amigos que me hacen sentir la alegría de la compañía, pero que no asumen un compromiso mayor, es decir, predomina lo tuyo y lo mío, perdiéndose la perspectiva de «lo nuestro», sin necesidad de creer que el otro es parte de nuestras pertenencias o que es una adquisición definitiva. El compromiso del amor implica entregar nuestras libertades para hacer una, una libertad que haga crecer a ambos seres, sin límites ni temores.

¿Por qué necesitamos estar con alguien? Simple, no queremos estar solos. A nadie le gusta la soledad absoluta a pesar de que con ella salen cosas muy hermosas, como, por ejemplo, este manuscrito. A nadie le gusta el silencio eterno. Los pasajes tristes de la vida son muy necesarios y de ellos obtenemos las mejores enseñanzas. ¿Qué es mejor: estar soltero o con alguien? Creo que de las dos formas se es feliz y de las dos formas se puede estar triste. Lo bueno es que al estar con alguien compartes esa tristeza o esa alegría, haciendo más llevadera una y más intensa la otra. Cuando estás solo no puedes compartir y debes llevar la carga tú solo. Sin duda alguna, ambas formas de vida merecen la pena ser vividas, una y mil veces, siempre que no nos transformen en seres egoístas, frustrados y oscuros.

La homofobia es una forma de odio, antipatía hacia los homosexuales. Aunque la he padecido solo un número muy reducido de veces, logré ver que es algo que está arraigado en nuestra comunidad, que forma parte del ADN de las personas y de nuestra sociedad, y que es el resultado directo de lo que se nos ha enseñado. Nuestra religión nos dice que la homosexualidad es un pecado, que los homosexuales están condenados a vivir una eternidad en el infierno. Existen creencias como que, si quisiéramos cambiar, podríamos ser curados de nuestra enfermedad y ser normales otra vez, a pesar de que la «normalidad» cada vez es más escasa. Son las cosas que algunos piensan, y lo peor de todo es que, aprovechándose de la ignorancia de otros, hacen ver como verdad lo que es fanatismo y deshumanización.

Si simplemente viéramos a la persona... Si tan solo le diéramos una oportunidad... Si tan solo nos pusiéramos un segundo en sus zapatos, en su piel... Si tan solo escuchásemos su corazón... Si tan solo usáramos la razón de la que nos habla Plotino, no tendríamos a tantos jóvenes sufriendo tanto dolor producto de la homofobia. Dios nos da un ejemplo de espíritu amoroso, bueno y gentil hacia todas las personas, sin importar si eres gay o no. Ante sus ojos, la bondad y el amor es lo único que importa.

Muchos no se dan cuenta de que cada vez que se hace *bullying*, se burlan o tienen una actitud homofóbica, cada vez que se refieren hacia la comunidad LGBT+ como enfermos, mal nacidos, pervertidos, el más y mundialmente calificativo «maricón», que somos amenaza para la sociedad, ciudadanos de segunda clase, nuestra autoestima, nuestro sentido del valor está siendo destruido de alguna forma. Finalmente, hay mucha gente que no es fuerte, como yo he aprendido a serlo, y que con la sumatoria de esas acciones terminan siendo afectados y quebrado sus espíritus como resultado directo de la ignorancia de padres, madres, familias, amigos, de la sociedad y el miedo que sienten hacia los homosexuales. Las esperanzas, los sueños, los anhelos de estos seres vivos distintos no deberían ser arrebatados, pero así ocurre cada día con cientos de personas sin que lo sepamos, por culpa de nuestras acciones y omisiones.

Es preciso que nos vean, nos escuchen sin discriminar o hacernos sentir juzgados. No silencien nuestros corazones ni nuestras oraciones a Dios pidiendo algo tan simple como entendimiento, aceptación y el amor. Aún predomina el odio, temor e ignorancia de muchos que truncan esas oraciones. Es tremendamente importante sacar la voz frente a las descalificaciones y ofensas. No callarnos, no solo porque alguien LGBT+ necesite que lo defiendan, sino simplemente porque el silencio hace que se perpetúe la injusticia y la homofobia.

Con Ojos Verdes me dejé llevar por la belleza. ¿Pero qué es la belleza? Es algo más allá que un chico bueno de ojos verdes o una chica buena con un cuerpo bien dotado. La belleza está en uno y debemos aprender a cultivarla, no de una forma narcisista, sino a través de nuestros gestos, actos y valores.

El filósofo griego Plotino decía que el problema radica en concentrar la belleza únicamente en los cuerpos. Hay una belleza mucho más importante que no tiene nada que ver con nuestro aspecto exterior. Una belleza que, según Plotino, está relacionada con la búsqueda de uno mismo. La filosofía comienza con este imperativo: «Conócete a ti mismo». El problema de mucha gente que se parece a Narciso es que están tan ligados a su yo que no saben cómo separarse de él. La razón de sus vidas radica en la forma, no en el fondo. Cuesta mucho conocerse a uno mismo; de hecho, siempre estaremos en el camino de hacerlo, una tarea permanente. Un ejercicio sencillo sería preguntarnos cuál es la imagen que damos a los demás. En este sentido, sé muy bien cuál es la imagen que los demás suelen tener sobre mi persona y estoy contento con el resultado logrado a lo largo de los años.

Continuando con las ideas de Plotino, hay dos opciones: dirigir la mirada hacia el cuerpo o hacia el alma, es decir, el mundo sensible que sería lo que es perceptible y visible. Todo esto se resume en el cuerpo, lo que podemos ver a simple vista, pero que no es lo verdaderamente valioso y que es la primera opción que todos o la gran mayoría tomamos, como aquel dicho popular que dice que todo te entra por los ojos, cuando en realidad no es así. La segunda pertenece al mundo inteligible, que es el ámbito en donde se sitúan las ideas. A estas se puede acceder a través del conocimiento, es decir, con el intelecto y sin mediación de los sentidos que es lo fácil, lo que está más a la mano, lo que nos provoca una mayor comodidad, bienestar, placebo o como lo queramos llamar.

Si con Ojos Verdes me hubiera tomado un poco más de tiempo, usando la razón, que es la segunda opción que nos presenta Plotino, me habría dado cuenta de inmediato que sus intenciones no eran otras que solo vivir algo pasajero, pasarlo rico, como decía él. Lamentablemente, carecía de los ingredientes necesarios para que permaneciese a mi lado bajo algún título a través del tiempo.

En nuestra época existe un gran culto al cuerpo, a conservarlo joven y atlético a través de técnicas quirúrgicas o productos. ¡Cuántos se sobreexigen los meses previos al verano en gimnasios, haciendo dietas con las que logran bajar dos gramos y así lucir el cuerpo perfecto! Todo es válido con tal de retener la juventud el máximo tiempo posible. Se valora más la belleza de un cuerpo que la belleza en las ideas; la belleza en un acto noble o el valor de una persona; si actúa con humanidad o no, si es bondadoso o no. Hoy se busca una belleza hueca, vacía, que sigue estereotipos impuestos por la moda, la que muchas veces dura solo un par de meses, es pasajera; esa belleza externa usada como herramienta de seducción, como forma de poder manipular para vender algo, para causar daño, para conseguir nuestros fines o como una forma de encubrir carencias, debilidades y pobrezas espirituales. Estoy seguro de que Ojos Verdes debe de tener un espíritu, pero la verdad, no me quedé a su lado para descubrirlo.

El Cajero, ese ser que en el fondo era muy parecido a mí, que por fuera tenía una belleza de cuerpo cautivante que podías tocar, sentir y disfrutar con solo mirarlo, pero que también tenía de esa belleza del alma, la más valiosa de todas, con una gran sensibilidad, verdadero, con buenas ideas, un alto conocimiento de sí mismo, con una capacidad para usar la razón por sobre la media, en fin, al llegar hasta aquí es donde me doy cuenta de que aquella vez estuve enfrente de un gran ser humano, quien tenía de estos dos ingredientes que cuesta tanto encontrar. Si bien es cierto, me dejé llevar en primera instancia por lo estético, porque también he caído en este juego de que todo me entre por la vista y los sentidos. Pero, a lo largo del tiempo, pude conocer a Roberto. Me acordé de su nombre, pude ver ese lado inteligible, teníamos conversaciones interminables sobre política, religión, sobre aficiones de uno o del otro, de deportes. Podíamos hablar sobre cualquier cosa. En esas conversaciones afloraba una personalidad inmutable, de una sola línea. La realidad era la realidad en sí y no una ficticia decorada para encantar al otro; alguien auténtico, con valores, perfecto y permanente a través del tiempo.

Antes les hablé sobre mi teoría de que en la vida solo conoceré a tres amores. ¿Qué pasaría si Roberto fuera ese tercer amor del que les hablo? Él fue ese amor que no esperé, pero que pasó enfrente de mis narices, del cual no me creé ilusiones y falsas expectativas, que de verdad me sorprendió. Fue ese amor que parecía un traje a la medida y que me hacía feliz hacerle feliz. Ese amor verdadero, pero que dejé ir como un tonto. Preferí seguir en mi zona de confort cuando debí luchar por él.

En fin, la vida siempre nos pone opciones. Nos muestra caminos y somos nosotros los que elegimos en función de nuestro libre albedrío, y yo recuerdo claramente no haberlo elegido a él.

Al llegar a ese pasaje de la vida en la que me enfrenté al suicidio, creo que todo se resume en que no te quieres morir, solo quieres dejar de sufrir, pero ¿a costa de qué? En esos momentos, la verdad es que no logras ver eso, pero habría sido egoísta y mezquino. La verdad es que hoy me pregunto qué habría sido lo más doloroso para mi familia: ¿el dolor que habría dejado mi ausencia o la incertidumbre, las conjeturas sobre mi persona que habrían tenido mis padres? Lo más grave habría sido lidiar con la culpa. Gracias a Dios no pasó y estamos aquí hablando del tema.

En el suicidio, además, tenemos el antecedente de que es un tema tabú, del que no se habla. Las familias tienden a ocultar todo, no se habla del tema porque se cree que el suicida es un enfermo mental, sin considerar que el suicidio no es más que la culminación de un proceso largo y doloroso, como lo fue en mi caso. Es importante hablar del tema por eso. Cada vez que puedo, hablo de ello y quién mejor para hacerlo que alguien que ha vivido la experiencia. No es un tema menor, a nivel mundial más de 800 000 personas mueren por suicidio cada año.

Los seres humanos tenemos ese instinto natural de supervivencia, por lo que es difícil llegar al deseo de aniquilamiento, el que puede ser causado por alguna especie de desbalance químico, en donde la persona no tiene idea de lo que está haciendo o una patología endógena que también nace con nosotros. Ante el suicidio, este instinto natural de la vida se debilita en extremo al entrar en ese túnel donde se ve todo negro, donde no hay ni una luz de esperanza. Cuando desaparece hasta la mínima opción de conectar la vida con este instinto de supervivencia, el mismo que frente a otras situaciones salta como un fusible casi de forma automática para defenderse, siendo esta reacción desesperada de autoeliminación el único caso en que pareciera no funcionar así. Posiblemente, todo se deba a que el cerebro es un órgano mutable, afectado por el ambiente, por el entorno, pero también por lo interno. No es un órgano como, por ejemplo, el corazón, que se afecta si suben los niveles de colesterol o te sube la presión. El cerebro es una estructura mucho más compleja. No son factores puramente biológicos los que interfieren, sino que muchos otros, los que en ocasiones escapan a nuestro control o dominio, ese simple fenómeno síquico hace una enorme diferencia.

Ahora sé muy bien que no estuve allí en esos instantes en que intenté atentar en contra de mi propia vida, porque no era yo, al menos mi yo consciente. Con toda seguridad estaba en ese trance, ese letargo del que les hablé anteriormente; no obstante, mi voluntad y autodefensa fue superior. Pude vivir la experiencia y me aferré a ella en la hora de contestar a esa llamada a altas horas de la noche y pude hacer algo tan simple como cambiar el centro de atención de alguien y con ello salvarle la vida, de igual forma como mi fiel amigo salvó la mía. No necesité de conocimientos sobre psiquiatría o psicología, simplemente fui yo con la lección más dolorosa que me ha tocado aprender. Si alguno de los lectores está pasando por un problema similar y cree que necesita ayuda, solo pídela, no necesitarás mucho más. Aunque no lo creamos en el momento, siempre puede escuchar alguien.

Les planteo la siguiente pregunta: ¿quién de ustedes ha visto publicidad en sus teléfonos que no les haga pensar que el micrófono escucha sus conversaciones? Resulta difícil imaginar cómo podría funcionar, pero lo que sucede es que nuestro comportamiento está siendo determinado con precisión gracias a los sensores que llevamos en el interior de nuestros bolsillos y los anuncios que parecen inexplicablemente precisos son producto del espionaje cibernético; es una evidencia de que la estrategia funciona y predice nuestro comportamiento. Nadie le da importancia, quizás porque crecimos en una época en donde el acceso a las tecnologías y a internet es algo que está ahí de forma omnipresente en todas partes, por eso no nos molesta... ¿Alguien se ha preguntado en qué momento se volvió nocivo?

Todo comenzó con el sueño de un mundo interconectado, así ha sido desde la invención del telégrafo, un espacio donde todos podríamos compartir nuestras experiencias y sentimientos y sentirnos menos solos. En muy poco tiempo, este mundo sostenido gracias a la tecnología se ha convertido en nuestra celestina, nuestro corrector instantáneo entre lo privado y lo público, guardián de nuestros recuerdos y hasta en nuestro terapeuta. Los datos de nuestra actividad en línea no desaparecen simplemente. Nuestro rastro digital alimenta a una industria de billones de dólares anuales que está concentrada en Google, Facebook y Amazon. Somos una mercancía, la moneda de cambio, pero no nos damos cuenta porque estamos tan enamorados con el prodigio de la conectividad gratuita que nadie se molesta en leer los términos y condiciones, pero la verdad inexpugnable es que todas nuestras interacciones, nuestros pagos con tarjetas de crédito, nuestras búsquedas en la web, nuestras ubicaciones, nuestros me gusta, todo es recolectado en tiempo real y adscrito a nuestras identidades, dándole a un número de compradores un acceso directo a nuestro pulso emocional y con ese conocimiento que nosotros mismos generamos gratuitamente el sistema bancario, por ejemplo, predice nuestro comportamiento de pagos o la capacidad que tendremos de pagar un crédito. La banca ya no utiliza los sistemas de boletines comerciales convencionales, hoy en día usan el Big Data, pero lo más grave es que muchas empresas compiten por captar nuestra atención enviándonos un flujo de contenidos personalizados construido específicamente para nuestra vista y observado solo por nuestros ojos. Lo más preocupante es que esto es aplicable a cada uno de nosotros, lo que plantea otra pregunta: ¿somos influenciables? ¿Pueden hacer que elijamos una alternativa u otra basados en ese contenido hecho a la medida con el que somos bombardeados constantemente? Hoy en día, gracias a la tecnología, alguien más conoce nuestros gustos, nuestros miedos, lo que nos llama la atención, nuestras debilidades, nuestros límites e incluso lo que requerimos para superarlos. Gracias a esto, el mundo real se está convirtiendo en un lugar desolado y dividido, pero ¿cómo puede dividirnos el sueño de un mundo interconectado? ¿Qué papel juega la tecnología, que tanto nos gusta, en la deshumanización constante que sufre hoy la humanidad?

Durante nuestra vida vemos y conocemos seres a quienes a todas luces no les falta nada, pero que parecen estar buscando algo, sienten un vacío interior que les abruma. El mundo es un caos. Cuanto más se tiene, más se quiere. Siempre hay alguien que te dice necesitas esto, necesitas aquello, es la estrategia de la humanidad, hacerte creer que no puedes estar satisfecho; somos por naturaleza ambiciosos, me atrevería a decir que es el síntoma de una enfermedad aún no clasificada por el DSM5. Tenemos que vivir en equilibrio, si no lo hacemos, estamos perdidos, y si no lo tenemos, debe tomarse como una tarea imperiosa para nuestras vidas y la humanidad. Me pregunto si somos siquiera una forma viable de vida. Tal vez, somos un instante en esto llamado evolución y algún día estaremos junto a los dinosaurios en los museos de las cucarachas. Debemos tener presente que algún día moriremos y que, entretanto, debemos vivir en plenitud y dignidad.

Siempre me he preguntado por qué nuestra especie es así. Somos seres sociables y empáticos, pero también egocéntricos y crueles; damos y quitamos, creamos por un lado y destruimos por el otro. ¿Cuál es nuestro problema? ¿Qué es lo que nos impulsa? Quizás sea el simple instinto de supervivencia que compartimos con las demás especies vivas. Sin embargo, somos los únicos animales que en la cúspide de la pirámide evolutiva y que gracias a la capacidad de razonar nos diferenciamos del resto, pero no somos capaces de usarla para ser mejores. Los animales solo toman lo que necesitan; los hombres, todo lo que podemos y a costa de los demás. Un ejemplo práctico de esto lo tenemos en Estados Unidos. ¿Alguien se ha preguntado por qué es el número uno en la conciencia colectiva de todos? Es el número uno sin duda, pero no en ciencias o en letras, sino en depresiones económicas. ¿Cómo se llega a esto? Pues basta con usar el sentido común para comprobar que la mayoría de los ítems de su cultura como nación son inalcanzables para un ciudadano promedio: si eres varón, se te valora básicamente por cuánto posees, a eso se reduce el sueño americano que miles de latinos inmigrantes persiguen. Todos te dicen que si trabajas duro podrás tener tanto dinero como Bill Gates o Donald Trump. Este último personaje representa perfectamente al norteamericano promedio: encarna rasgos narcisistas, manipulador, egocéntrico, racista, autoritario, arrogante, un personaje que desprecia a los demás, que necesita ser admirado, que carece de empatía, es intolerante y fanático, pero la realidad es que por cada megarrico hay cientos, millones de personas trabajando sin seguro médico, sin aportes para su jubilación. Lo mismo sucede para las mujeres, pero a ellas les adicionamos otros factores para que tengan más éxito: para estar lindas tienen que ser ridículamente delgadas a excepción de las tetas, mantenerse jóvenes de por vida, algo que biológicamente es imposible, sin adentrarnos en sus almas. Estamos jodidos. Estamos promoviendo una cultura imposible de realizar. ¿Alguien se ha preguntado qué habría pasado si las dos empresas tecnológicas más grandes del mundo, de las que hablo en los párrafos anteriores, hubiesen nacido en otro país? Se me vienen a la mente Finlandia, Dinamarca, Noruega, Islandia y los Países Bajos, que suelen ser los que están en los primeros lugares en cuanto al *ranking* de los países más felices del mundo. Seguramente, otro sería el enfoque, otra la forma y otro el resultado.

Creo que debemos deshacemos de todos los «yoes», con esto me refiero a: soy esto, soy aquello, sé hacer esto, hice esto el año pasado y lo hago mejor que tú. Mi padre encarna esto mejor que nadie. Bajo su filosofía, nadie, pero absolutamente nadie, hace algo tan bien como él. Todo gira en torno al ego. Gracias a Dios, eso se eclipsa al lado de su noble corazón.

Narciso, aquel día, estando enfrente de aquel estanque en donde pudo ver reflejada su imagen, se enamoró de su belleza y eso fue su destrucción. También nosotros solemos vernos como el ombligo del mundo. El individuo es cada vez más importante y por eso codiciamos reconocimiento, autoestima, acaparamos relaciones, *likes*, fotos, zapatos, estamos enamorados de nosotros mismos, como Narciso. Quizás los megarricos disfrazan esto a través de la filantropía. Todos, en mayor o menor escala, queremos ser mejores en algo. No escapo a ese deseo e intento ser el mejor, aunque sea lavando el auto.

Desde el punto de vista biológico, los seres humanos nos parecemos al resto de las especies, pero, por otro lado, nuestra inteligencia nos permite ser conscientes de nuestra propia existencia, y el hecho de sentirse vivo es un motivo de gran alegría. Por otro lado, el deseo, la codicia y la presión permanente por competir en esta carrera que inventamos nosotros mismos, donde hay nuevas metas día a día, nos hace olvidar lo realmente importarte: las pequeñas cosas, las cosas simples de la vida, donde radica lo verdaderamente importante. Nos olvidamos de que las cosas son transitorias, nos olvidamos del vacío, algo necesario para dar cabida a cosas nuevas. Vamos desarrollando un gen que nos hace olvidar lo anterior.

Intentamos realizar acciones permanentes en el tiempo y esa lucha genera el tercer mal: el sufrimiento, porque comenzamos con ello a aferrarnos constantemente a las cosas para, quizás, reafirmar nuestra existencia, para demostrar de lo que hemos sido capaces de atesorar, cuando en realidad la muerte es un fenómeno físico muy real. Da igual lo bueno y bonito que sea tu auto, tu religión, tu ideología, tu dinero, no pasarán de ser meros símbolos. Con esto no conseguiremos esquivar algo tan evidente y real como la muerte.

Acarreamos una terrible carga existencial como humanidad y lo que hicimos en respuesta a ello fue crear cultura, no solo la cultura que engrandece, sino la cultura del consumismo masivo a través de los *malls* y los megasupermercados; la cultura de lo desechable y pasajero, pero atractivo; la cultura del impresionismo, que intenta constantemente sorprender al de al lado a través de una competencia interminable, junto a la búsqueda de lo estético, inspirado en estereotipos que nos alejan de nuestra esencia. Está claro que todas las culturas ofrecen alguna fórmula de inmortalidad. Las grandes religiones, por ejemplo, en forma literal con el más allá, el cielo, la reencarnación o con la creencia de que vamos a legar algo a la posteridad. Por eso queremos tener hijos, construimos la casa más grande y hermosa que pueda existir, escribimos sinfonías como lo hizo Beethoven, escribimos un libro como este... Por eso queremos tener mucho dinero y ser exitosos, sentimos el impulso de poseer muchas cosas porque eso nos sugiere que podremos vivir eternamente y de esta forma burlar a la muerte, cuando, en realidad, la única forma de vencerla es a través del amor por lo que se hace, la justicia de nuestros actos y la bondad en nuestras decisiones.

Llegar hasta aquí ha sido un proceso intenso, a veces angustiante, doloroso, pero también muy liberador. Cada palabra que estás leyendo aquí nace del amor, la purificación, la fortaleza, la aceptación y el desprendimiento de lo que no me hace falta. Escribir estas líneas es un acercamiento a mi paz interna, una parte vital en mi evolución individual; me siento bendecido de ser quien soy y de tener la familia y los amigos que tengo. Creo que al contar mis vivencias estoy ayudando a todos los vendrán después de mí. De alguna forma, siento que este libro servirá para algo más que servir de adorno en una estantería.

Mucha gente me dijo que no era importante hacerlo, es más, muchos creen que la homosexualidad se debe ocultar como un secreto de familia. Muchos piensan que no vale la pena. Otros creen que todo tu trabajo, tus logros y esfuerzos se colapsarán al contarlo. Otros te dicen que muchos en este mundo no están preparados para aceptar tu verdad, tu naturaleza. Esos consejos y comentarios venían de personas que la vida, de alguna forma, puso en mi camino, así como yo fui puesto en el de alguien más y que no necesariamente eran de la familia. Pero soy terco y testarudo, decidí seguir adelante con mi verdad y ser feliz. En este hermoso caminar terminé aquí, escribiendo este libro, porque, después de todo, nuestras vidas empiezan a morir el día en que callamos las cosas que son verdaderamente importantes. Desde mi punto de vista, es preferible la verdad mil veces, porque una verdad duele tan solo una vez; en cambio, la mentira puede doler toda una vida. Ha sido un placer.

AGRADECIMIENTOS

Al llegar hasta aquí, creo que intentar agradecer es quizás más difícil que haber escrito este libro. Son tantos a los que tengo que dar las gracias que espero de todo corazón que mi memoria no me traicione y pueda de alguna forma mencionarlos a todos y cada uno.

Lo primero es agradecer a Dios por el don de la vida y el misterio de mis talentos, que da para un abanico tan grande que va desde programar, cambiar un bombillo y reparar una lavadora hasta escribir este libro.

Gracias a mis padres y hermana, que son los cimientos de mi vida y fuente de muchos de mis aprendizajes como persona. Por lo que ha significado tener una madre que, a pesar de ser una rosa llena de espinas, cuando quiere entrega lo mejor de sí y por nunca dejar de ser esa mujer en mi vida. Gracias, mamá.

A mis amigos, que han compartido conmigo risas, llantos y alegrías. Por contar con esa incondicionalidad cómplice poco frecuente en el mundo tan acelerado de hoy, los quiero mucho.

A los hombres de mi vida, a mi padre, por su ejemplo de esfuerzo para lograr lo que se propone siempre y por permitirme formar parte de todas y cada una de tus hazañas. Gracias, papá.

A mis sobrinos Catalina, Ivanna y Carlos Alfonso, quienes, sin lugar a dudas, son el motor y la fuerza para continuar día a día, mi cable a tierra, mi conexión con ese mundo mágico no corrompido y con la sabiduría infinita de los niños. Me siento muy afortunado de tenerlos. Son los hijos que nunca tendré, pero que la vida me regaló que me enseñan cada día a valorar lo que tengo y no lo que me hace falta.

A José, hermano, amigo y compañero de vida, gracias... Sin tu apoyo incondicional de siempre, esto hubiera sido mucho más difícil, tal vez imposible.

A todos los que, de una forma u otra, han compartido mi vida, gracias a los protagonistas de estas historias por todas sus enseñanzas. Gracias a María Teresa Acuña Abarzúa, mi profesora, mentora y amiga del alma por embellecer y pulir este diamante bruto que, finalmente, se transformó en libro. Gracias a mis parientes y cercanos que también son una fuente constante de cariño. Gracias a Raquel Ramos Nevado de Correcciones Ramos. Gracias simplemente a todo y a todos.

www.ingramcontent.com/pod-product-compliance
Lightning Source LLC
LaVergne TN
LVHW091048150826
845673LV00002B/509

* 9 7 8 9 5 6 4 0 1 1 3 1 8 *